オッス！食国《おすくに》

美味しいにっぽん

小倉ヒラク

角川書店

目次

本書は書き下ろしです。

序章

百味の飲食、海川山野の味なもの

奈良の夏の夕暮れ。セミがさんさんと鳴いている。社《やしろ》の裏には鬱蒼《うっそう》とした森。繁った葉の隙間から、西日が糸のように垂れている。社の裏手から森につながる細い道を、お盆を目線より高くにうやうやしく持った巫女《みこ》がしずかに歩いていく。お盆の上には、米や魚、塩などの食物が盛られている。これは、朝と夕の二度、神に捧《ささ》げる食事。雨の日も風の日も、戦争や天変地異のなかでもたゆまず受け継がれてきた供物の文化。森から山へ、山から天へと彼方《かなた》に住まう神に美味《おい》しい食事を届ける。
千年以上前から続く、神饌《しんせん》の光景だ。

やすみしし　わご大君の　食国《おすくに》は
倭《やまと》も此処《ここ》も　同じとぞ思ふ

万葉集の六巻で、大伴旅人《おおとものたびと》が詠んだ一首。九州の大宰府《だざいふ》に駐在していた旅人が「奈良の都を恋しく思うか」と部下に聞かれて「同じ天皇の統べる国なのだから、奈良もここも同じだよ」と返した歌だ。都落ちした寂しさをこらえる一首のなかの、「食国」という聞き慣れない言葉が印象的だ。民俗学者の折口信夫《おりくちしのぶ》の論考『大嘗祭《だいじょうさい》の本義』で論じるところに

よると、

食国《おすくに》とは、召し上がりなされる物を作る国、という事である。後の、治《おさ》める国という考えも、此処から出ている。

万葉集が編まれた時代において「食国」は日本そのものを指す言葉だった。日本を統べる天皇の仕事は、田畑を司《つかさど》り食物を生成させること。秋に田畑から収穫された食物を調理した神饌を神に捧げることが、国の大事なまつりごと（祭／政）だったという。古代の日本では、神は「食物の生成される場」を象徴する存在。神の治める日本列島に住む共同体のメンバーの大事な仕事は、生成された食物をうまく収穫・加工することだった。神と民の、食をめぐるコール・アンド・レスポンスこそが「国をお（食／治）す」ことだ。食をめぐる生成と循環が、すなわち世界の生成と循環を司っている。
食《お》すことは、治《お》すことなのだ。

食べることを巡る3つのレイヤー

折口信夫がイメージした「食国」の世界観に、僕は日本に生きる人々への食への異常なまでの愛着の原風景を見る。日々テレビや雑誌、ＷＥＢのレシピサイトで「美味しいものはないかしら？」とチェックする情熱の奥底には「美味しい」を越えた何かがある。その

「何か」とは？　を考えていくと、第一に思い当たるのは、食べることが身体を維持するための「生物的な行為」である、ということだ。第二に、食卓を介して家族や友人たちとのコミュニケーションを取る「社会的な行為」とも定義できる。料理家の城戸崎愛《きどさきあい》の言う「食べることは生きること」という言葉は、食こそが人間を社会的な動物たらしめている、という主張である。ここまでは食に関心のある人ならばすんなり理解できるだろう。

さて、ここからが本書のテーマ。折口信夫の言う「食国」には、僕たちの無意識の沼に沈んだ「第三のレイヤー」があるのではないか？　個体としての動物＝第一のレイヤー、個人としての人間＝第二のレイヤーという「個」のレイヤーの下に、曖昧《あいまい》でほの暗い沼が広がっている。この沼では、明確な輪郭を持った「個」の境界が溶け、超自然の神や怪物、異なる時代を生きる祖先や死者たちが溶けた境界に入り込む。視点を複眼にして考えてみよう。主体を持つ「個」の視点から見れば「食べることは生きること」のスローガン通り、何かを食べることは生きるための材料を取り込んで社会的なつながりを確認する「喜ばしい行為」である。しかし視点を裏返すと、取り込まれる側は領域を侵犯するハッカーとも言える。「食べること」は、異物を自分の領域内に招き入れる恐ろしい行為でもある。

食べることで自分たちのアイデンティティを維持する、これが第一・第二レイヤーの「個」から見た世界観である。しかし第三のレイヤーでは世界が裏返り、食べもの自体がすすんで食べ「させる」ことで、領域外から個の存在に影響を与える。

「食国」は裏返った世界である。

食べることは「自発的に食べる」ことではなく、個人が意識しない沼のなかで「食べさせられる」ことによって、知らず知らずのうちに自分の存在を規定していく。暴力で抑えつけるのではなく、イデオロギーで啓蒙《けいもう》するのでもなく、食べることを通して個の集まりのなかに秩序をつくりだす。食は第三の統治法だ。

大伴旅人は、奈良の都から大宰府に飛ばされて、空間的には隔たれたとしても「食べること」を共有することで共同体（倭）のメンバーとしてのアイデンティティを保っていた。物理的距離の遠さよりも、食の近さが優先される。海外に引っ越しても味噌《みそ》汁や納豆を食べる習慣を続け、炊きたてのお米の香りに郷愁を感じてしまう日本人の原点は、万葉集にある。

神饌とはなにか?

食によって治《お》す「食国」のシンボルが、冒頭に登場する神饌。食を通した国家の統治の足跡が刻まれている。シンプルに定義するならば「神さまに捧げる食事」だ。しかしこの「捧げる」というのは、人間→神の一方向ではなく、相互関係になっているのがポイントだ。折口信夫は天上神（天つ神）が地上に降りてする仕事をこのように記している。

降臨なされて、田をお作りになり、秋になるとまつりをして、田の鳴り物を、天つ神のお目にかける。此《これ》が食国《おすくに》のまつりごとである。

神が与えてくれた自然の恵みを、美味しく調理してまた神さまに戻す、天地の恵みの循環。神饌の材料となる食材は、まず神さまから人間にもたらされる。これを加工して料理にし、神さまに捧げ、次に自分たちでも食べる。前述の「食べる」のではなく「食べさせられる」裏返りの構造がはっきりと見て取れるのがわかるだろうか。日本列島に生きる民は、食を通して神を自分の中に招き入れる。文化人類学で言う「共食」の儀礼[*1]を、人間同士ではなく、神と人間のあいだで行うのだ。主導権は神にある。神は食物に自分の存在を宿し、人間に入り込み、個の存在を「日本に生きる民」へとまとめあげる。食を通して、民は個でありながら神のクローンでもある、という構造をつくる仕組みが神饌である。動物の本能でもなく、個人の自由意思でもない力で人間が群れとして行動する。これを暴力による服従や教育ではなく、食の生成⇔加工のループで導いていくのが「食国」の秩序なのだ。

……とこういう概念的な話が続くと眠くなってしまうので、もう少し具体的に神饌について考えてみよう。神饌はいつ、どこでお供えされているのだろうか？　答えは「いつでもどこででも」。古い歴史を持つ大きな神社であれば毎日、神職が手をかけて神饌を準備し、温泉旅館のように朝夕と神さまに食事を運ぶ。地域のお祭りでも、神輿《みこし》や神楽《かぐら》の前に

＊1　食事を誰かと共にすること

は必ず神饌がお供えされる。社があって神主のいる神社だけでなく、集落にある祠《ほこら》でも神饌をお供えする。山梨の山の中にある僕の家の裏にある祠でも、お正月になると集落で当番を決めて近所の農家さんからお米をもらってきたり、飾り縄をつくってお手製の神饌を用意する。昔から続く家では、秋の収穫や新春の時期になると、家の神棚に自家製の神饌をお供えする。後述の大嘗祭や新嘗祭《にいなめさい》のように国家レベルの祭儀だけでなく、神饌は日本列島津々浦々、有名神社から地方の集落まで広く深く根付いてきた。それぐらい日本の信仰に重要かつ日常的なものなのだが、フツーの人はその実態をほとんど知らない（僕も東京から山梨の山の中の集落に引っ越して神社の当番をした時に初めてその存在を実感した）。

実はそれには理由がある。日本では神の領域において「食べる」という行為が不特定多数の人に気軽に見せられない秘め事として扱われてきたからだ。現代でもアイドルやタレントが何かを食べている写真を撮影するのは基本NG。尊い存在である神が食べる場面に立ち会うことなど無礼千万。神饌の儀も、食事を運ぶ担当以外は基本的に立ち会うことを許されない。神と人間のあいだにはコミュニケーションの断絶があるわけだ（しかし唯一の例外がある。詳しくは後述）。

食文化に対する興味がかつてなく高まっている現代において、神饌は例外的に謎めいたカルチャー。日本という国の根幹であるにもかかわらず、いや、根幹であるからこそ秘されてきたのである。

さあここから、僕たちは秘密の扉を開け、暗い沼をもぐって「食国」という地下世界への旅に出ることにしよう。それは僕たちがどこからやってきて、どこへ行くのかを一皿一皿味わう「美味しいにっぽん」再発見の旅だ。

この本の見取り図

それでは本編に入る前に、ちょっと自己紹介と本書の見取り図を。

僕は発酵文化のスペシャリストとして、日本各地、世界各地の山間や海辺の小さな村、人口数百人の離島など、現代文明の影響がそこまで及んでいない土地に調査に行く仕事をしている。数百年前から受け継がれている不思議な漬物や、その土地ならではの気候風土を活《い》かした調味料や酒。普通では考えられないような奇想天外な味にもかかわらず、地元の人からは熱烈に愛されている珍味。そういうローカルな食の現場を訪ねて食文化の起源に触れる機会が多々あった。その中で、数百年以上の歴史を持つ食文化の起源を辿《たど》っていくと、「神饌」の存在に行き当たる確率がかなり高い。

ということはだ。「神饌」というキーワードを頼りに食文化を紐解《ひもと》いてみれば、ふだん僕たちが食べているもののルーツが見えてくるのでは？　もっといえば、日本人がなぜこんなにも食に執着するのか、その理由がわかるのでは？　と思い立ち、これまで様々な雑誌や新聞、ＷＥＢメディアで書いてきた文章をまとめなおし、ひとつながりのストーリーに編み直したのが本書。ご興味があればあわせて拙著『発酵文化人類学』『日本発酵紀行』

を読んでいただけると、この本のキーワードとなる「発酵」への理解がより深まるはず。

次に本書の見取り図。日本に住んでいたら必ず口にしたことがあるはずの身近な食材をピックアップして各章が組み立てられている。前半は米や醤油《しょうゆ》など「これぞ和食！」な食材を取り上げながら、日本の食文化における「オモテの顔」を見ていく。途中いったん茶の章で食の美学を俯瞰《ふかん》し、後半には雑穀や芋、肉や鯨など地方に根付く食文化に焦点を当てて「ウラの顔」を掘り下げる。最後に未来の「食国」の行方をコミュニケーションの観点から展望してみる構成になっている。

■期待していいこと

・食を通して日本の歴史の起源に触れる
・日常的に食べている食材の製法と起源がわかる
・日本における食と信仰の関わりについてざっくりわかる

■期待しないほうがいいこと

・和食の歴史を体系的に学ぶ
・日本の食材を網羅的に知る

各章ともに、身近な食材の基本的な定義、レシピの成立背景と信仰や風俗との関わりを解説。あわせて製法や食べかたのバリエーションも解説。実用的な箇所だけ拾い読みしてももちろんOK。体系的に食のことを学ぶというより、ひとつながりの読みものとして、日本の食のダイナミズムを感じてほしい。

天皇と大嘗祭

自己紹介と見取り図を挟んだところで、さっそく本編に入ろう。

「食国」は、神と人間が共食することによって治められている。しかし、神と人間は仲良く食卓を囲むことはできない。なのだがそのコミュニケーションの断絶に橋をかけることができる存在がいる。天皇である。天皇は天上にいる神の代理であり、地上に生きる民に食べ物を分配する。天と地の媒介を成す現人神《あらひとがみ》。魂は神なのだが、物理的には人間なので、やがて体は朽ちて滅びてしまう。そこで魂をまた次の体に移し替える必要がある。この時に行う祭儀が「大嘗祭《だいじょうさい》」。本書のインスピレーションになっている折口信夫の『大嘗祭の本義』は、現人神の再生を紐解きながら「日本にとって食べるとは何か?」を論じている。

僕の結論だ。「食国」において、食べるとは「増やす」「再生する」ことだ。増やし、再生するのを繰り返すことで「永遠」を手に入れる。日本の神々は食べるという「刹那《せつな》」の行為を無限に繰り返すことで「永遠」を叶《かな》える、といういっけん矛盾した思想を編み出した。この刹那の無限ループの象徴が、稲であり、稲を加工する餅《もち》であり、麹《こうじ》なのである。

そしてみずからの肉体をもって無限ループを実践する天皇は、稲の番人となった。これが日本の食の起源なのである。

「えっ、どういうこと?」

と戸惑う読者諸氏よ、本書を読み終わる頃にはきっと僕の言わんとすることがおわかりになるはずだ。しばしお付き合い願いたい。

天皇の代が替わる時に行われる大嘗祭は、食を通した「再生」を体現する、日本という国家における最重要セレモニーである。新天皇が即位する年の11月に、大嘗宮という神殿を新築し、日本の各地方の名産品を集めてお供えする。そのなかでも再生の象徴である稲は最も重要な供物で、亀卜《きぼく》(カメの甲羅の割れ目を使った占い)によって大嘗祭の度に全国のどこかの土地から選ばれる。儀式が行われる大嘗宮は、東京にある皇居の敷地内に毎回必ず「二棟一セット」で新築される。古式の建築をゼロから、しかも二棟同時に建てるのでかなりの建築費を国庫から負担する必要があり、批判もある。しかし「食国」の基本原理が「増やす」「再生する」であることに着目されたい。この原理において「ひとつ」というのはよろしくない。そのひとつが無くなってしまったら全てがお終いなので、必ずスペアを用意しておく。このミラーリングの原理は、現代でも神道において貫徹されている!

さて。大嘗祭のキーワードは「リフレッシュ」だ。人の姿をした神が、新しくなる。なので神殿も新しくする。お供え物もその都度選び直す。徹底的に「生命の再生」を表現するのだ。「再生」を成す具体的行為が「食べる」ことである。天皇が自身の統べる日本列島の名産品を集めて、天の神さまに召し上がってもらう。すると日本という土地の生命がリフレッシュする。そうして活力がみなぎった土地がふたたび豊かな恵みをもたらし、列島の民は繁栄するであろう……という予祝[*2]の儀式が大嘗祭であり、神饌の原点だ。

新築ピカピカの大嘗宮×2のどちらかで、天皇交代の神儀が行われる。いったい新天皇はお宮のなかで具体的には何をするのだろうか？　神の領域の祭り事なので、基本的にはヒミツ！　なのだがいくつか解釈《かいしゃく》がある。宗教学者の岡田《おかだ》荘司《しょうじ》によると、新天皇は大嘗宮で天上のアマテラスと初顔合わせをする。これから自分が治めることになる土地の供物を供食することによって、農業や漁業の豊穣《ほうじょう》と天変地異や疫病の予防を願うという。

20世紀前半の折口信夫説では、大嘗祭において、天皇は天上神と一緒の寝床に入り、霊的な力をまとう秘儀を行う……というややエロティックで神秘的なものとされてきたが、岡田氏が実態を調べてみるに、折口が唱えるような特別スピリチュアルなことを行うというより、新天皇が天上神と食卓を囲む「ステキなお食事会」が大嘗祭の核心であるという。一見すると折口説のほうが深い洞察があり、岡田説は凡庸な感じがする。しかし岡田説には「食国」に住まう古代の人々の「食」に込めた意味の重さをうかがえる。神と食卓を共にすることによって、人は現人神＝天皇になる。食べることによって、新天皇のなかに神

＊2　前祝い。あらかじめ祝うこと。一年の豊作や多産を祈って行う農耕儀礼のひとつ

の種を植えつけてインストールした瞬間、地上に神が「増えて」「再生」される。新天皇の誕生は、折口説ではセックスによる動物的な生殖、岡田説では田植えして稲を収穫していくような植物的な生殖のイメージの相違があるように思える。

伊勢神宮と神饌の起源

神饌が生まれたのはいつ頃だろうか？　その起源は日本における最古の神社のひとつ、伊勢《いせ》神宮にある。ヒントは2つ。成立時期と、祀《まつ》られている神の種類だ。

伊勢神宮の成立は、古代律令制が成立するはるか前、垂仁《すいにん》天皇の時代。神話の時代なので正確なことはわからないが、おそらく2000年以上前にさかのぼる。それまで天皇といつも一緒にいた天上神、アマテラス（天照大御神）を天皇から離して祀ることになった。アマテラスを祀るのにふさわしい場所を探す役割を背負ったのが、当時の皇女であるヤマトヒメノミコト（倭姫命）。日本各地を旅するなかで、伊勢に流れていた五十鈴《いすず》川に通りかかった時に「お、ここいい感じだぞ？」とピンときた。

是神風伊勢国則常世之浪重浪帰国也、傍国可怜国也。
（神の風の吹くこの伊勢国は、神の世の波が打ち寄せる、よい国である）

日本最古の歴史書のひとつ、日本書紀にこの時の皇女の感動が記されている。興味深いのが「よい国」を意味する「可怜国」という表記だ。これは「うましくに」と読む。「うまし」は現代の「美味《うま》し」のことだ。古代「食国」では、「美味し」は「良し」と同意だったようだ。無事伊勢に神宮をつくったのち、ヤマトヒメはアマテラスに差し上げるのにふさわしい「美味し！」な食物を探していたところ、三重県鳥羽《とば》市にある国崎《くざき》の浜で海《あ》女《ま》さんからフレッシュなアワビをゲット。その美味しさに感動した皇女は、国崎のアワビを定期的に伊勢神宮に献上することにした……というエピソードがある。天上神に派遣された人神＝皇族があちこちから美味しいものを探し出してボスに献上する……これは神饌のアーキタイプ。神饌を捧げるべき天上神アマテラスは、お取り寄せグルメの権化なのだ。「うまし国」に建てられた伊勢神宮は、やがて「食の信仰の総本山」となっていく。6世紀、アマテラスを祀った第一の宮（内宮《ないくう》）からやや離れたところに第二の宮（外宮《げくう》）を建て、トヨウケノオオカミ（豊受大神）という別の神さまを祀ることになった。他の神社では見かけないこの神、実は食物を司る存在だ。前述の日本書紀にもウケモチノカミ[*3]という別名で登場する。身体から穀物や魚肉などの食材を取りだせる特殊スキルを持ち、アマテラスの弟、ツクヨミの食事係として仕えた。

　本書執筆にあたって、なぜ伊勢神宮が食の神さまをアマテラスとともに祀神《しじん》に据え、食に特化した神社となったのか「食国」視点で再訪してみた。すると、あちらこちらに食にまつわるスポットが！　最重要の稲・米はもちろん、果物や野菜、酒や麹まで祀る社があるのだ。伊勢神宮の性格を特色づけるのは、なんといっても毎日休まず捧げられる神饌

＊3　ちなみにこの後ウケモチノカミには悲惨な運命が待ち構えているのだが、その顛末は後半「獣と鯨」の章で紹介する

の儀である。かならず朝夕の二回、外宮の正殿すぐ横にある御饌殿《みけでん》という立派な社にアマテラスとトヨウケを始めとする神々をお迎えし、黎明から調理した海川山野の神饌をお供えする。また、内宮にも外宮にも神饌を支度する為の忌火屋殿《いみびやでん》という建物があり、神饌を調理する役割の神職もいる。毎日の神饌から大きな祭祀での神饌に至るまで古来細密な体制が整っているのだ。

海女さんからアワビをもらった創建当時のエピソードに見えるように、伊勢神宮の神饌には明確な特色がある。それは「新鮮な食材」を「現地調達」することだ。伊勢湾にあがる、アワビや鯛《たい》などの魚介、そして神宮の周辺で栽培された稲や野菜。近くでとれるものだからこそ、旬なものを新鮮なうちにお供えする。和食の原点が見えるようではないですか……！

奈良で起こった食の神仏習合

神饌には、伊勢スタイルとは違うもうひとつの源流がある。奈良・大和路《やまと》の「神仏習合スタイル」だ。日本書紀や古事記が記された8世紀の奈良時代には神饌は信仰の基盤として定着していたことが窺《うかが》える。当時の首都、奈良の神饌はどのようなものだったのか？

奈良市の中心にある春日《かすが》大社では、奈良時代の神饌の面影を感じる文化が継承されている。神饌といって思い浮かぶのは、お盆のうえに載った山盛りの白米と鯛やアワビ、野菜の膾《なます》など、シンプル＆フレッシュで素朴な伊勢スタイル。しかし春日大社の神饌はものすごく凝ったデザインで、見た目も派手で心がウキウキするようなものなのだ。冬の「春日若宮おん祭」でお供えされる神饌のリストを見てみよう。「染分」というお米を使ったメニューがある。筒状に、黄・赤・緑・白の四色に塗り分けた米粒を手作業で貼り付け、歌舞伎の定式幕《じようしきまく》みたいなカラフルなオブジェに仕上げていくのである。同じく黒豆・大豆・小豆《あずき》・榧《かや》の実を貼り付ける「盛物」という現代彫刻みたいなオブジェもある。さらに「ぶと」という特徴的な名前のメニューも興味深い。米粉の団子を揚げた、揚げ餃子《ぎようざ》そっくりの可愛らしいお菓子だ。

米、鯛、アワビ！　のスタンダード神饌の先入観をくつがえす春日大社の神饌。いったいどうしてこんな文化が？　と春日大社の神職の皆様に聞いてみたところ、なんとこれは仏教のお供え食（仏饌）の影響を受けているという。春日大社のすぐ隣の興福寺《こうふくじ》に行って春日大社の神饌の話をしたら、「昔はうちのお坊さんも神饌をつくって春日大社に運んでいたんですよ」との答えが。仏教スタイルのお供え食は、魚や肉を使わず様々な野菜や穀物を駆使してカラフルでバリエーションに富んだ食卓をつくる。おん祭では、このような仏教スタイルの影響を受けた菜食神饌が御殿の「屋内」でお供えされると同時に、「室外」の境内ではキジや鮭（近代まではウサギなども）そのままの姿で吊《つ》るされ、これもまた神饌とされてお供えされる。洗練された仏教の食文化と、動物が生のまま吊るされた仏教以前のワイルドな食文化が合体しているのだ。同じく奈良にある談山《たんざん》神社、秋の例祭「嘉吉《かきつ》祭《さい》」の神饌はさらにスゴい。春日大社と同じく筒に黄・赤・緑・白の米粒を貼り付けるのだが、複雑な線を重ねて、モザイクのパッチワークのようにカラフルで鮮やかな模様にデザインする。さらに筒の上に色鮮やかな果実や唐辛子などを刺し、思わず見とれてしまうほど美しい「和稲《にぎしね》」というオブジェに仕上げる。このカラフルな和稲の前に、黄色の梨、赤色のほおずき、緑色の柑橘《かんきつ》など色とりどりの実をブドウの房のように盛り合わせて置く。その鮮やかな色彩、と同時に素朴な佇《たたず》まいは日本というよりは東南アジアのような雰囲気だ。

伊勢と奈良を比べればわかるように、神饌には対照的な顔がある。ひとつは各地から様々な食材を集め、手間と工夫を凝らした奈良型の「デザイン神饌」、もうひとつは祭りを行う土地で採れた食材を中心にシンプルに構成する「フレッシュ神饌」と僕は名付けることにする。春日大社や談山神社のデザイン性の高い神饌は、食材と加工の多様性を強く志向する。これは「百味の飲食《おんじき》」という仏教のスローガンに根ざしたものだ。大乗仏教の古典中の古典『無量寿経』に、

百味の飲食、自然に盈満《えいまん》す

という一節がある。前後を読み解くに、「美しい器に盛られた数え切れない飲食物は、見るだけで心が満足し、全てを食べる必要はない」という、贅沢《ぜいたく》なんだか質素なんだかよ

くわからない理屈の「百味の飲食」。このスローガンによって、質素を美徳とする仏教において「百花繚乱《りょうらん》の食べ物をお供えする」という文化が出現した。

いっぽう僕たちが一般的にイメージする、伊勢型フレッシュ神饌は、米や海産物など普遍的なご馳走《ちそう》を選《よ》りすぐってシンプルに盛り付けたもの。こちらは「やっぱり定番ものが間違いないですなあ」と、土地のルーツに根付いた安心感が得られる。

奈良朝廷は大陸からの仏教を受け入れた。奈良から平安時代へと下り、都の神饌にも仏教メソッドが導入され、神饌に彩りや食味などを繊細に加工するデザインマインドが根付いた。いっぽう都から隔てられて仏教の影響を強く受けなかった伊勢は、弥生《やよい》文化から地続きの土着の神饌がスタイルをさほど変えずに続いていった。国家の重要な神事で比較してみよう。新天皇の誕生を祝う大嘗祭では、全国各地から天皇のいる場所に食材をお取り寄せして神の魂を活性化させるため、奈良型のデザイン神饌がメインに構成される。いっぽう、新嘗祭は、各地の神社がそれぞれの土地で調達した季節の食材を中心に収穫を祝う祭祀《さいし》を行っているので、伊勢型のフレッシュ神饌を源流にしていると言えるだろう。

海川山野の味なもの

2つの源流。外国からもたらされた洗練と、ローカルに続いてきた土着性がせめぎ合って日本の食文化が発展してきた。このせめぎ合いは「トレンドと伝統」、「グローバルとローカル」へ、さらには「仏教と神道」と言い換えられる。春日大社の神饌は、僧と神職が協力しあって生まれた「食の神仏習合」と言えないだろうか。手が込んだ、華やかな料理がズラッと並ぶいっぽう、調理されない丸のままの動物や魚や穀物が捧げられる。手間をかけて加工された「洗練」と、生きた姿のままの野生の「土着」が等しく召し上げられる。

いにしえの神饌のダイナミズムを見ていると、現代の僕たちの食文化の原点が見えてくるようだ。外国で流行《はや》っている目新しいスイーツのお店に行列をつくるいっぽうで、旬の食材をそのまま活かした京都の料亭にも憧《あこが》れを抱いたりする。これは日本書紀や古事記が記された日本の歴史の黎明《れいめい》期からずっと続くアンビバレントな欲望なのだ。

神話や伝承のような「ことば」とは別のかたちで、身近な食物には民族の起源が刻印されている。日本においてその最たるものが神饌だ。

そのかたち、そのいろどり、その香り、そのつくりかた、その盛りつけかた、その食べかた、その味わい。食べることのデザインに、時空を超えた記憶が宿っている。列島の東西南北にある多様な自然の姿が宿っている。

ふだん各地で行われる新嘗祭や神幸祭《しんこうさい》など、神さまが人間界に姿をあらわす祭りで唱えられる祝詞《のりと》に、

御食御酒海川山野種々味物献奉

（神の御前にご飯とお酒、海・川・山・野の様々な美味しいものを捧げましょう）

という一節がある。祝詞を唱えたあと、神職は神さまを連れて本社を出て人の住む町々をまわっていく。この祝詞を春日大社で聴いた時に、日本に生きる僕たちがなぜこんなにも食を尊び、執着し、美味しいものを食べるなら何時間も行列に並ぶことも、遠く離れた土地に旅することもいとわない！　と熱狂的になるのか合点がいった。「私が美味しいものを食べたい！」という動機の奥底に、「我らを見守る神に、美味しいものを教えて差し上げねばならぬ」というパッションが渦巻いている。めちゃグルメで、流行に敏感で、お取り寄せ大好き！　な神のつくった「食国《おすくに》」に住む民にとって、食への情熱は信仰なのだ。

本書は「海川山野の味なもの」を求めて「百味の飲食」を重ねる、食いしん坊の巡礼記である。オッス、食国！

Column

本書を読むにあたり、参考にした本のなかから重要なもの、各セクション3～4冊を取り上げます。ご興味ある方は論旨の系譜をさらに深く辿ってみて「なるほどそうだったのか！」と膝《ひざ》を打ったり、「ほうほう、ヒラク君のネタ元はコレなわけね」とニヤリとしてください。

はやめにお断りしておくと、この本に書かれていることの大半は先人たちの研究の成果。そこに僕が各地をフィールドワークして見つけた知見や考察が乗っかっています。僕が書いていることがもちろん最終的な結論であるわけではなく「ひとつのきっかけ」なのですね。本書を入り口としてさらなる食の旅をお楽しみください。

●大嘗祭の本義：折口信夫《おりくちしのぶ》

本書を書くきっかけになった一冊。柳田国男《やなぎたくにお》と並ぶ、日本における民俗学のオリジネーターが、神道における最重要な神儀の謎に挑む名著。なぜ日本の国の起源に食が結びついているのか？　折口信夫節とも言える独自の視点が詰まっています。

●大嘗祭と古代の祭祀：岡田《おかだ》荘司《しょうじ》

折口信夫が提起した大嘗祭の起源の謎を、現代神道研究の第一人者が最新の研究をもとに解き明かしていく大著。白眉《はくび》はアマテラスと新天皇の夜の儀式についての見解。スピリチュアルな折口信夫論を否定し、大嘗祭の本義は神人共食にあり！　と説く条《くだり》はめちゃ読み応えがあります。

序章の参考文献

Column

●神饌 神さまの食事から〝食の原点〟を見つめる：南里《なんり》空海《くみ》

現在手に入る神饌《しんせん》の一般書のなかで最も神饌の雰囲気とオリジンを感じられる一冊。近畿地方の寺社を中心に、神仏習合や古代の面影を残す神饌の料理や儀式の写真を多数掲載。写真とともに綴《つづ》られる文章にも食と信仰への深いリスペクトが感じられます。

神饌については他にも、本書の参考文献として頻出の、ものと人間の文化史シリーズの『神饌』の巻、奈良の古《いにしえ》の神饌を集めた『神饌 供えるこころ』、『宮座儀礼と「特殊神饌」』などを参考にしました（これはかなり本格的な学術書で入手困難）。

第一章

米と麹

稲・神・菌のトライアングルマジック

秋の田の仮庵《かりほ》の庵《いほ》の　苫《とま》をあらみ
わが衣手《ころもで》は　露にぬれつつ

飛鳥《あすか》時代に生きた、天智天皇《てんじ》（中大兄皇子《なかのおおえの》）の一首。10世紀半ばに編纂《へんさん》された『後撰和歌集』に収められている。稲刈りの時期、仕事を終えた後、小屋番をする農家の姿を詠《うた》っているのか、秋の夜の澄んだ静けさが漂ってくる。この傑作を詠んだ天智天皇、奈良の飛鳥京を滋賀の大津《おおつ》に遷都したものの、在位4年であっけなく死んでしまい、都はまた奈良に戻ってしまった。大津京のあったとされる琵琶湖《びわこ》のほとりは古くからの稲作地帯。このあたりを初めて訪ねた十数年前の初夏を思い出す。見渡すかぎりの水田に風が吹いて、稲穂がさーっと波をつくって揺れていく爽《さわ》やかさ。天智天皇は、琵琶湖の豊かな水で多くの民を養うことのできる、水田に囲まれた都をイメージしたのだろうか。彼の苦労の多い人生を重ね合わせるほどに、様々な意味を汲《く》み取れる滋味深い歌だ。*4

古代から天皇は、現人神《あらひとがみ》であると同時に「田をつくる人」であった。古事記の創世神話では、天上神であるアマテラスがその孫のニニギノミコト（瓊瓊杵尊）を地上に遣わしたとある。このニニギノミコトが「地上に遣わされた神＝天皇」の元祖だ。そして天上世界

＊4　なお、もともと農家の詠んだ歌が後に天智天皇の作とされたという説もある

（高天原《たかまがはら》）から地上世界（高千穂《たかちほ》）にニニギノミコトを派遣した一連の出来事を「天孫降臨」という。

で、この天孫降臨の時に、おばあちゃんのアマテラスが孫ニニギに、

「うちの庭にあるこれ育てて、みんなを養ってちょうだいね！」

と渡したのが稲穂。つまり稲を育てて国民を栄えさせることが、地上におりた神のそもそものミッションである。なので、ニニギノミコトの末裔《まつえい》である天皇が「がんばって田んぼつくるマン」になるのは当然のこと。令和の現代でも、天皇は毎年5月に皇居の敷地内で田植えをし、9月には稲刈りをし、1月には天智天皇のように和歌を詠む。稲を育てて国民のために祈る。これが古事記以来続く天皇の存在意義なのだ。こうして日本では天孫降臨以降、オフィシャルに農業といえば稲作、主食といえば米！　ということになった。

稲作の神と麦作の神

今から半世紀以上前の１９６６年に出版された『肉食の思想』という本がある。麦作と牧畜のヨーロッパ社会と稲作の東アジア社会を比較しながら、人類の精神性の分岐を描き出したユニークな内容だ。著者の鯖田《さばた》豊之《とよゆき》氏の論をやや乱暴に要約するとだな。西洋社会は麦作の生産性の低さを補うように肉食が発達し、かつ消耗した畑や家畜を効率的に管理

するために強固なコミュニティが生まれ、都市国家を形成していく。やがて自然に対して人間を上位に置く自己中心的な世界観が生まれ、自分たちと違う文化に干渉する外向きの文明を築いた。対して、麦作よりも格段に生産性の高い稲作を主とするアジアの地域は、限られた土地で多くの人口を養えるがゆえに、寛容で富の偏りの少ない、農村を基本とした分散型の社会が生まれていった。その結果、人間と動物や草木などの自然をフラットに捉《とら》えて他文化に干渉しない、内向きの文明が築かれていった。

「アジアでも麦作中心の土地があるよね？　日本人も海外に干渉したりしてたよね？」

と細かく突っ込みたいところはあるものの、議論の大枠は今なお色褪《あ》せない鋭さがある。この本で指摘されているように、稲作は種を蒔《ま》いて得られるカロリー生産量が、麦作のそれより何倍もある、多産性の作物だ。しかも田んぼに水を張ることで様々な生き物を呼び込み、動物の糞《ふん》や昆虫の死骸《しがい》などで窒素など土の栄養分を補える稲作は、連作障害[*5]が起きにくい。つまりずっと同じ土地で安定して米を育て続けることができ、少ない土地で多くの民を養うことができるのだ。生産量が低く、連作障害が起きる西洋の麦作では、常に何分の一かの畑を牧草地として休ませる必要があり、かつ常に追加の土地を探す必要があった。稲作と麦作の生産性の違いは「土地を所有する」という概念の違いを生み出す。

　稲作するアジアの「田んぼ」は垂直軸だ。土地が移動しないので、先祖代々受け継がれ

＊5　同一作物の連作により、土から栄養がなくなって作物が育たなくなること

る「預かりもの」である。そして先祖をずっと辿《たど》っていくと初代天皇へと辿り着く。対して麦作するヨーロッパの「畑」は水平軸である。麦を植える土地を移動させ続けなければならず、近隣との協力関係抜きでは生産できないゆえに畑はコミュニティの「共有物」になる。この畑を共有するコミュニティが都市へと発展していく。稲作と違って不安定な麦作は、それだけで国全体の人口を養ってくれるものではない。穀物に加えて肉や乳などで栄養を補わなければいけない。その結果、様々な穀物によるパン、肉によるハムやソーセージ、乳によるチーズの加工を手掛ける職人たちのギルドが発達していく。このように様々な専門技能を持つ人々が都市の中に集まり、「市民」が生まれていく……というのが『肉食の思想』の論旨である。

神から預けられる稲作と、共同体によって開拓していく麦作。主食生産の安定感の違いによって「社会」の前提が変わっていく。「麦作の神」は、民に直接畑を授けることはしない。そうではなく、共同体に属するための「契約」を求め、隣人との連帯を説き、自らの手で畑を「開拓」することで繁栄を促す。「稲作の神」は、神自らが民に田んぼを授けることによって、神への「帰属」を求め、先祖とのつながりを説き、過去から連綿と続く水田耕作を「反復」することで繁栄を促す。麦の神は、

「明日何があるかはわからない、だからみんなでがんばって試行錯誤してみてね」

対して、稲の神は、

「とにかくワタシと一緒にいれば、食いっぱぐれることないからよろしく」

ということになる。この2つ、かなり構造が違うことがわかるだろうか。麦の神は、民といつも一緒にはいてくれず、離れたところから民を見ている。民はその心細さを克服するために隣人と連携し、より住みよい場所を自力で探してがんばることになる。神と民は異質な存在として離れ離れの場所にいる。このギャップに信仰が発生することになるのだ。いっぽう米の神はいつでも君の側にいるよ！　君と僕とでひとつだYO！　とJ－POPの歌詞のようなノリなのである。

食国永続のカラクリ

天孫降臨のトピックスに話を戻そう。アマテラスが子孫に授けた神勅[*6]（ミッション）は3つある。

1．天壌無窮《てんじょうむきゅう》

私の子孫が治めるこの国は、稲穂が豊かに実る限り永遠に繁栄します

＊6　日本書紀に記述のある「三大神勅」の著者なりの意訳

2．宝鏡奉斎《ほうきょうほうさい》
子孫たちよ、私のあげた鏡をよく見て。あなたと私は一緒の存在なのです
3．斎庭稲穂《ゆにわのいなほ》
私の庭の稲穂を地上の子孫に送ります。稲を育てて国を繁栄させなさい

順に見ていこう。1は国の統治「方法」の定義だ。日本は天上神、アマテラスの子孫である天皇が地上に降りて治める国で、そのシンボルは稲穂である、としている。2は地上の統治「資格」の定義。天皇（ニニギノミコト）は、地上に遣わされた天上神（アマテラス）のクローンであると、鏡のメタファーを使って定義されている。3は統治「業務」の定義。天上神のクローンである地上神の仕事は、天上からもたらされた稲を増やして民を養うことである、と定義されている。この3つをつなげると、

「私アマテラスのクローンである天皇が、稲穂を育てて民を養う。これが日本という国なのでよろしくね」

ということだ。最初の地上神、ニニギの末裔が天皇。なのでニニギを継ぐ後代の天皇もまた天上神のクローンということになる。僕たちが生きる令和の日本でもいまだにこの「天孫降臨しばり」は継続中。天皇はいまだに世襲制（つまり天上神のクローン）、そして

米をつくり、民をニコニコ見守っている。天上では、天皇をニコニコ（してないかもしれないが）見守っているアマテラスがいるのである。いや、ほんとに実在しているかどうか僕としては自信がないのだが、「アマテラスおばあちゃんが見守っている」ということにしておかないと、21世紀の現代において、あまりにも浮世離れしすぎた日本の治世メソッドに対しての根拠がなくなってしまうのだ。なんてこった……！

西の世界の神は、人間界とは別のレイヤーにいる抽象的な存在である。メタ世界にいる神のメッセージは「預言者」によって人間界に伝えられ、信仰となった。しかし預言者はもうこの世にはいず、彼のメッセージが聖典となって残された。しかし日本ではアマテラスの神勅による「稲と鏡」メソッドによって、天皇と田んぼがある限り永遠に神が生き続けて民に寄り添い続ける、という謎の世界線が出現してしまった。

これが「食国《おすくに》」が日本に根付いたカラクリである。天皇が米を育て、民が米を食べ続ければ神は死なず、国は永続する。民と米と神は三位一体なのである。天皇は天上の神と地上の民とを稲を媒介に接続する、農家であり、司祭であり、神のクローン。現天皇の肉体の寿命が尽き、次の肉体にクローンとしての魂を引き継ぐのが折口信夫の言う「大嘗祭《だいじょうさい》の本義」だ。特設の神殿でドキドキしながら待つ新天皇のもとに、アマテラスが久々に天上から降りてくる。

「あらあら、あなたが新しい子孫ちゃんなのね」

と顔合わせしつつ、各地から選《え》りすぐられた新米と海川山野の美味《おい》しいものを一緒に食べる。この時に業務引き継ぎが行われるのだ。で、これは僕の想像であるが、アマテラスにとっては、久々に下界に出てきてふだん食べられない目新しいものを食べまくる嬉《うれ》しい機会なのではないだろうか……？

「うちにいると、なかなか色んなもの食べられなくって……あらこれ美味しい！」

と目を輝かせるアマテラスおばあちゃん。そして天皇は、

「じゃあ今度、ご当地グルメ詰め合わせギフト送りますからっ！」

とあくまでも祖母想いな存在である。この「祖母のグルメ気質」と「孫のおばあちゃんっ子気質」が掛け合わさって大嘗祭や春日大社の賑《にぎ》やかな神饌《しんせん》が生まれたのではないだろうか……。

魂のバッテリーチャージ

さて。折口信夫の論によると、肉体とは別に、魂も季節の一巡りする一年で充電が切れるという。一年に一度の神饌《しんせん》を捧《ささ》げる新嘗祭《にいなめさい》は、充電切れになる神のバッテリーをもういっかいチャージする機会ということになる。「民が稲を収穫して神に米を捧げる」という儀式は、神の魂をフル充電し、同時に日本列島とそこに住む民のエネルギーもチャージするためのもの。天皇、そして日本人が和歌というメディアを使って季節を詠むのは、「食国」のライフサイクルを記述する、という意味合いがあるわけだ。

このような世界観を踏まえて冒頭の天智天皇の歌を読み込んでみると。秋というのはもうすぐ自分の魂が尽きる寂しい季節。同時に新たな魂の到来を予期する希望に満ちた季節ということにもなる。この歌を読んだ正確な時期は不明だが、天智天皇が己の天命のはかなさを悟りつつ、新たな魂の復活を秋の農作業に託して、「わが衣手は露にぬれつつ」と詠んだのだとしたら、べらぼうにエモい。

西の神、麦作の神は民の遠くにいる。その姿は、アッラーやヤハウェのようにそもそも人間には知覚できないものだったりする。気軽に話しかけて「一緒に写メ撮ってもらえません？」と頼むには躊躇《ちゅうちょ》する。この絶対的な差異が概念による契約をもたらした。

いっぽう稲作の神は、人間の姿をした天皇として民のすぐ隣にいる。災害が起きて民が苦しんだ時、めでたい事があって民が喜んだ時、天皇はにこやかなおじさん／おばさんの姿をして、僕たちに語りかけてくれる。手を振ったら手を振り返してくれるし、一緒に写真にも写ってくれる。この同質性が、なんとなく空気を読みあう帰属意識をもたらした。どっちが良いか悪いかはさておき、ここ極東の日本では稲が独特の精神性を生み出したことは確かだろう。

日本人の多くが、ほかほかと茶碗《ちゃわん》から湯気をたてる炊きたての米、初秋に黄金色に輝く田んぼを原風景として愛着を持つのは、それが「自分たちの生まれた景色」そして「自分たちが同じアイデンティティを保ちながら生き続けるための装置」であるとプリセットされているからなのだ。日本人は米を食べて生き、さらに米によって民族の同一性と歴史の一貫性を保持している。米は日本人の主食であり、日本人という虚構（フィクション）の担保なのだ。

神饌における米の加工

僕は胃腸が弱くて、米（というか炭水化物全般）をたくさん食べると具合が悪くなってしまう。なんだけど、ふだん消費する米の量はめちゃくちゃ多い。それはなぜかというと、米を加工するからなのだ。具体的には麹《こうじ》にしたり、漬物の床の材料にしたりするのだが、米にはそれ自身を主食としてただ食べる以外にも、様々な形態がある。

神にご馳走《ちそう》を捧げる神饌に使われる食材の番号順に上位から見てみると、

1. 米
2. 酒
3. 餅《もち》
4. 魚
5. 卵
6. 海藻
7. 野菜
8. 果物
9. 菓子
10. 塩
11. 水

上位の3つはぜんぶ「米」だ。酒は米麹と飯米と水を混ぜてアルコール発酵させたもの。餅は蒸した糯米《もちごめ》をついたもの。ちなみに1の米は生の米と、熱をかけた飯米の2つのバリエーションがある。重箱の隅をつつくようだが、この違いには古代の人々の食にまつわる精神性を垣間《かいま》見ることができて面白い。神饌の儀で神に奉る食事のことを「贄《にえ》」と言う。この贄は本来的には「食べやすく調理したもの」だ。米だったら熱を加えて柔らかくするし、鯛《たい》だったら煮付けにする。美味しく調理して、はい神さま召し上がれ！　というのが本式の神饌。

対して食材を調理せず、生のまま奉るのを「生贄《いけにえ》」と言う。生贄は「神さまが望む時にいつでもご馳走つくれまっせ！」という民の側の気遣いの証《あかし》。あくまで本式なのは「調理した贄」だ（この調理した贄を「熟饌《じゅくせん》」と呼んだりする）。米の項目もさらに4つに分けられる。①稲穂そのもの、②脱穀した生米、③蒸米・炊米、④粥《かゆ》。①と②が生贄、③と④が贄（熟饌）だ。ここぞ！　という気合の入った神饌の儀、例えば新しい天皇が即位するプレミアムな大嘗祭の時は、手間暇かけて調理した贄をこれでもか！　と出すのが習わしなんだね。

さて。２の酒を見ていこう。現在は神饌が供される神社の地に由縁のある酒蔵の日本酒（清酒）が奉られることが多いが、古代では白酒・黒酒が奉られたという。ほら、神棚の中心にお酒の徳利《とつくり》が二本セットで置いてあるでしょ。それが白酒・黒酒のセット。白酒はいわゆるどぶろく、黒酒は搾ったどぶろくに植物の灰を入れて保存性を高めたもの（江戸時代くらいまで灰持酒《あくもちざけ》と呼ばれて日常的に飲まれていた）。さらにプレミアムな神饌の膳《ぜん》には、他に醴酒《れいしゅ》（やや発酵の進んだ甘酒）と、どぶろくを何度も醸して搾った御酒（今でいう清酒）が加わる。これら神酒《みき》と呼ばれる酒の原型は、アマテラスの弟であるスサノオの怪物退治のエピソードが起源だ。スサノオは怪物ヤマタノオロチを酒に酔わせたうえで斬り殺し、尾から出てきた剣で国に平和をもたらす。酒は酩酊《めいてい》の暴力的な力と、シャーマンのトランスに使う神がかり的な力の二面性を持った超自然的な飲料として神聖視されていたのだ。歴史的に見てみると、日本では酒はそもそも神の世界に属するもの。人間が飲む時は一度神に捧げたものをお下がりとしてもらう習わしだった。[*7] これを「直会《なおらい》」と言う。お正月に神社に初詣《はつもうで》に行くと、境内にたくさんの酒樽《さかだる》が奉納してあるのはこの名残だ。

*7 酒と神話に関しての詳細は拙著『発酵文化人類学』で書いたので、興味がある人はご一読あれ

アジアに伝わる餅的伝説

3の餅はどうか。これも超自然的な食べ物のようだ。そもそも一粒一粒に魂が宿る米をついて凝集させるわけなので、ありがたいエネルギーのカタマリだ。加えて丸くて真っ白な形状は、古代の神具、鏡をイメージさせる。餅について体系的にまとめた貴重な文献、ものと人間の文化史シリーズ『もち（糯・餅）』によると、

イネは一粒の種籾から多くの籾を結実させる。それが自然現象とはいえイネ自身に「神」の存在を感じさせるものがあり、特に餅はそうした米粒が凝縮するものとみなされて、新しく生命を更新、再生する特異な霊力が含まれていると信じられてきた。儀礼食の餅はそれを食べることで、霊力を取り入れようとしたのである。

とある。日本人（そして東アジアの稲作民族）にとって、稲は他の作物より大きなエネ

ルギーを持った特別な食物だった。そしてその多産なエネルギーを凝縮した餅を食べる行為は、単なる栄養補給を超え、超自然の力を人間の体に取り入れる「儀式」となった。

8世紀初頭の『豊後国風土記』には、農家が余った餅を的に矢を射って遊んでいると、餅が白鳥になって飛び去ってしまい、水田が枯れてその農家は没落してしまった……という民話が収められている。どこまでも続く赤鳥居で有名な、京都の伏見《ふしみ》稲荷《いなり》大社の起源も同じ構造だ。古代の有力氏族、秦《はた》氏の祖先が余った餅に矢を射って遊んでいると、餅が白鳥になって飛び去った。その白鳥がとまった峰に祠《ほこら》を建て、稲生《いねなり》神社とし、それが稲荷という名に変わったという。米が生物となって意思を持ち、人間のもとから去っていくというエピソードは、東アジアの穀倉地帯でも広く見られるようだ。中国雲南《ウンナン》省のタイ（傣）族にはこんな神話がある。ある村に、大きな米が鳥のように飛んでくることがあった、欲張りな族長の妻が自分のところだけに飛んでくるように言うと米は嫌がり、怒った族長の妻は米をムチで打ち落としてしまったという。*8 折口信夫と並ぶ民俗学のオリジネーター、柳田国男《やなぎたくにお》にも『餅白鳥に化する話』という論考があり、同様の民話を採集し、餅を射るという行為と古代の占いの関連を考察している。

「餅が白鳥になる」という物語のアーキタイプ。小さな魂の粒がより集まった餅になることで、米が独立した生き物になってしまうという、米の超越性を示す話であるように思える。しかし、ある日「ごめんください」と自分の家を訪ねる声がして、ドアを開けたら巨大な餅だった……なんてことを想像したらシュールすぎて呆然《ぼうぜん》としてしまうではないか。

＊8　中国少数民族神話から見た「餅的《もちまと》伝説」の原型：斧原孝守

天上から授かった、多産なエネルギーを持った米。炊けば主食になり、醸せば酒になり、搗《つ》けば餅になる。古事記に出てくる神のように変幻自在にカタチを変える米は、日本の食文化のバリエーションを司《つかさど》る存在である。

「煮る」と「蒸す」

それでは米を「食べる」という行為を科学的に考えてみよう。

まず日本において、米は大きく分けて二種類ある。

日常的に炊いて食べる飯米はウルチ（粳）米。そして主に搗《つ》いて餅にする用のモチ（糯）米の2つ。同じ米でも、カロリー源となるでんぷん質の質がかなり違う。ウルチ米の主なでんぷん質はアミロースといい、糖分が直線状につながった分子構造をしている。対してモチ米の主なでんぷん質はアミロペクチンといい、糖分がいくつも枝分かれして鎖になった分子構造をしている。ポイントは「直線状の一本のチェーン」か「分岐してつながる複数のチェーン」かの違いだ。モチ米を搗くと粒同士がくっついてひとつのブロックになっていくのは、各粒の分岐したチェーン同士がつながって、複数のチェーンがからまりあった構造になるからだ。つながる部分が少ないウルチ米を搗いてもモチ米ほどキレイな餅にはならない（ウルチ米のつながりにくい性質を利用したのが麴。詳しくは後述）。

現在の定説では、ウルチ米とモチ米はほぼ同じ時期に大陸から渡ってきて栽培が始まったとされている。神饌の加工バリエーションで言うと、ウルチ米は2の酒に、モチ米は3の餅に使うものとして共存しながら発展していったのだね。

次に米の調理法の基本。

米は生のままでは硬くて食べられない。米のでんぷん質を構成する分子同士がガッチリと固まっているからで、何かしら物理的作用を加えて分子の結びつきを柔らかくしてやる必要がある。この物理的作用とはつまり「熱と水を加える」ということだ。水に漬けただけでは柔らかくならないし、フライパンで炒《いた》めても焦げてしまうだけ。生米が水を吸うと、20％弱だった水分が60％になる。そこに熱を加えると米の体積がふくらみ、結晶化していたでんぷんの分子が広がって密度が下がり、やわらかくモチモチの食感になる。結晶化したでんぷんをβ《ベータ》でんぷん、やわらかくほどけたでんぷんをα《アルファ》でんぷんと言う。人間が消化吸収しやすいのは、だんぜん後者のαのほうだ。でんぷんをα化して吸収できるようにするため、人類は米を調理する必要があるのだね。

では次。日本で主に栽培されているジャポニカ米のでんぷんをα化するのに、主に2つの方法がある。「煮る」と「蒸す」だ。前者の「煮る」はさらに「炊く」と「茹《ゆ》でる」に分類できるのだが、基本的にはどちらも原理は一緒。生米の外側から「水と熱を同時に」加えていく方法論だ。お湯を張った鍋《なべ》に米を入れる。お湯が少ないと「炊く」で、一般的な飯米になる。お湯が多いと「茹でる」で、お粥になる。余談だがお粥にも水分の多寡があり、日本のお粥は比較的水分が少ない。僕は中国式[*9]のものすごく水分が多いスープのようなお粥が好きで、よく家で手づくりして食べている。生米1：水10くらいの割合を、弱火でひたすら煮込んでいくだけで、トロトロのお米スープができる。パクチーやナッツ、おかず味噌《みそ》なんかをお好みで載せると食欲のない朝にぴったりのメニューになる。

後者の「蒸す」にも2つある。ひとつは柔らかめに蒸し上げる方法で、これはモチ米を使った、赤飯のおこわや餅に向いている。もうひとつは米の芯《しん》が残らないギリギリの硬さで蒸し上げる方法で、麹をつくるためのウルチ米の特殊な蒸しかただ。日本人の大半は、飯米とお粥の「煮る」方法を知っているはずで、少なからずの人が赤飯や餅用の「やわらか蒸し」をやったことがあると思う。しかし麹用の「かた蒸し」は99％の人が知らないテクなのだね。

麹という技術的特異点

お粥から赤飯までの方法論は同じ定規のなかのグラデーションなのだが、麹用のかた蒸しは別次元の技術のように感じる。何が違うかというと「米の一粒一粒を完璧《かんぺき》に独立させる」という目的が他のものと全く違うのだ。カレーに使うようなインディカ米[*10]（タイ米）に比べて、日本のジャポニカ米は粘性が高い。モチモチふっくらとして、米粒同士が比較的くっつきやすい。しかし麹用の蒸し米は、ジャポニカ米の長所である粘性の高さを否定

＊9　東南アジアでは「湯取り法」といって、茹でた米をザルにあげて炊いた米のように食べる方法もある

＊10　インディカ米とジャポニカ米は同じウルチ米のカテゴリー

して、米粒をグミのようにしてしまう。同じ「蒸し」でも、粒を凝集させる餅とは真逆の方法論だ。いったいなぜそんな不可思議なことをするのだろうか？　これは日本特有の菌、コウジカビの特性を活《い》かすための方法論なのだ。コウジカビは種が蒸米の表面に付着すると、芯に向かって根を伸ばして米の栄養を吸い取る。その栄養を使って胞子という細長い毛のようなものを表面から吹き出させる。麹のモコモコのテクスチャーは、ふさふさと生え連なっているコウジカビの伸びた胞子たちだ。コウジカビが穀物全面にキレイに生育するためには、表面積の最大確保が必須《ひっす》なことがおわかりだろうか。米粒同士がくっついてしまうと、くっついた部分にカビが生えることができず、表面積がムダになってしまう。だから米の粘性が発揮されないギリギリの硬さを目指して、高温で一気に米を蒸し上げる。その結果、ジャポニカ米のモチモチ・ふっくらの利点を否定したグミ状の米ができあがる。ここまでかた蒸しの米は、僕たち人間にとって美味しくないのだが「菌にとっては」美味しい。カビのなかでは比較的乾いた環境を好み、固いものでも分解できる強い酵素を持つコウジカビ。かた蒸し米は、人間が食べるための米ではなく、菌に捧げる米なのだ。

近年、人間の腸内細菌の生態や機能に注目が集まっている。そのなかで「冷えて固くなった米を食べると腸内細菌群に良い影響を及ぼす」という、いっけん因果関係がよくわからない研究がある。これはどういう理屈なのかというとだな。一度熱でやわらかくなったでんぷん質が冷えると再び強く結合し、人間の消化機能に抵抗するような性質になる。

米にカビの胞子が花のように咲く

この冷たいでんぷん質、人間には消化しづらくとも、ある種の腸内細菌（特に善玉菌と呼ばれる人間に有益な微生物）のエサになる。つまり硬いご飯を食べるということは、腸内の善玉菌に栄養を運んでいる、という理屈だ。

この考えかたに近いのが、麹用のかた蒸し米だ。餅にも赤飯にもできないが、コウジカビを育てることができ、コウジカビが繁殖してできた麹は強力な「発酵スターター」になる。この麹に水と熱を加えれば、甘酒という「甘いお粥」ができてしまう。ただ米を茹でるだけでは甘い粥はできない。このようにして、一度微生物を媒介にすることで、直接栄養摂取をするだけでは得られないエクストラな機能や風味を人間にフィードバックさせる。

そう。ウルチ米を「蒸す」ことは、米に微生物を介在させるための技術的シンギュラリティ（特異点）だったのだ。

ところでこの日本式の米麹。起源はどこからなのだろうか。どうも古代中国にかつて存在していた「糵（よねのもやし）」という発酵スターターの末裔であるように思える。麹が発祥した大陸では、主に中国北部で発展した麦のふすまや雑穀を餅のように固める「餅麹（曲）」が主に使われている。しかし、長江《ちょうこう》より南を中心に、米にカビを生やす糵という、もうひとつの麹の起源があったことが知られている。中国では消えてしまったが、どこかにあるのではないか……？　と探し回っていたら、インドで偶然この「糵」の末裔を見つけてしまった。米を挽《ひ》いて米粉にし、団子のように固めてカビを生やす。見た目は中国の餅麴だが、原料は日本と同じく米だ。インド東部に住むメイテイ族では「ハメイ」と言い、山間地のなかで代々秘伝のレシピで麴をつくり続けている一族がいる。日本でも古代に大陸から渡ってきた麴は中国式の餅状のものだったのだろうが、いつしか米を挽かずに、蒸したバラバラの粒にカビを付ける「糀」[*11]に変わった。この変遷は、大陸のカビは根っこを深く生やすために団子にして深さを確保する必要があり、日本のカビは根っこをそれほど生やさず、表面に胞子を長く伸ばすために大陸の麴とは別に表面積の最大化が必要だったから、というのが醸造学における定説（詳しくは拙著『発酵文化人類学』を参照）。つまり大陸と日本のカビの性質の違いが日本独自の麴を生んだ、とされているのだが果たして本当なのだろうか？　かつての日本人も糵をつくっていたのではないだろうか？

*11　米粒にカビを付けると、表面に花が咲いたようになることから「米」に「花」を合わせた大和漢字が生まれた。中国では通じない

「蒸す」は文明の象徴

日本人はいつから米を「蒸す」ようになったのだろうか？

まず前提としてモチ米は、餅にしたり小豆《あずき》などを入れておこわにするのがメインで、日常的に使われることの少ないものだった。日常的な主食はウルチ米である。弥生時代までは基本的には米は煮て食べていたようだ。蒸すよりも煮るほうが早く調理が終わるし、柔らかさを加減しやすい。そして米のほかに雑穀や野菜を混ぜても長く煮込んでしまえば均一に食べられるし、便利だったのだろう。米を蒸した形跡が見られるようになるのは、5

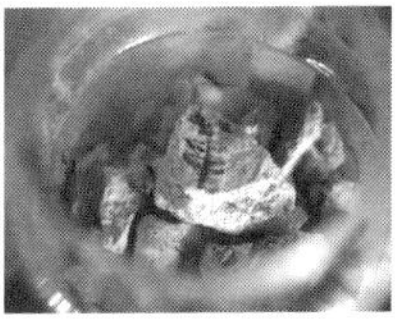

ネパール麴、モルツァ

世紀、古墳時代の頃だ。かまどにお湯を張った甕《かめ》を置いて火をかけ、甑《こしき》という、底に穴のあいた土器に米を入れ、甕から出る水蒸気熱で米を蒸した。縄文〜弥生期の、煮炊き用の土器に直接火をかける方式よりもかなり複雑で高度な調理法だ。

この時期以降、米は「蒸すタイプ」と「煮るタイプ」が食べ分けられるようになっていく。比較的上流階級の成人男性が食べるのは蒸米。これを「強飯《こわいい》」という。同じ階級でも、女性や子供、高齢者は、消化しやすい炊米を食べていたそうだ。これを「姫飯《ひめいい》」という。上流階級の食べる米は精白した白米《しらげのよね》だった。庶民は精白していない米を雑穀と一緒に煮て粥にしたものを食べていたそうで、弥生時代とそう変わらないものだと思われる。

ここでわかるのは「蒸すのはハイクラスである」ということだ。甑と蒸す技術が持ち込まれた黎明《れいめい》期、「蒸す」は祭祀《さいし》に使われた。鹿児島県の甑島列島（！）には甑大明神という甑の神さまが祀《まつ》られている。他にも熊本や香川、兵庫に甑の名がついた神社が点々とある。「蒸す」はその当時、海外から伝わってきた最先端の技術。まず設備を揃えるのが大変だし、「煮る」のように色んな穀物を混ぜられず、米（しかも白米）のみを蒸さないとムラができてしまう。そういう融通の効かなさもピュアで尖《とが》った感じがして「蒸し、カッケェぇぇぇ！」と憧《あこが》れの対象となり、それが信仰につながっていったのだろう。イメージとしては昭和に登場した初期パソコンみたいなもので、

「シリコンバレーで開発された最新機械なんだって！　めちゃデカくてイカついらしいよ！」

「ヤバいじゃん。それで何ができるの？」

「なんか計算？　とかタイプライター？　みたいなことできるんだって！」

「よくわからないけど、カッケェぇぇぇ！」

　みたいな感じだろう。今まで小さな壺《つぼ》ひとつでグツグツ煮ていたのが、デカいかまどとデカい鍋（甕）とデカい蒸し器（甑）の3点セット。そこから蒸気がプシュー！　と出てくる。未来感ハンパなかったはずだ。


　さて。このパソコン……じゃなくて甑の黎明期。古墳時代から飛鳥時代にかけての「蒸し」の主たるアウトプットはおそらく餅だった。一粒一粒に魂の宿る米を蒸し上げたのち凝集させ、大きなカタマリにする。これは古代日本における、食国《おすくに》の構成員である民が寄り集まって国家となる……という世界観と相似である。小さなひとつひとつの魂が集まると別次元の存在になる。同一性のなかでの超越的存在。これが米でいうところの餅なのだ。

　そしてもうひとつ。小さなものがたくさん凝集するうちに、目に見えるものとして姿をあらわしてくる。これはカビやキノコなどの菌類の世界でもある。当初餅をつくるためにあった「蒸し」は、やがてかた蒸しによる「麹米」を生み出すことになる。ここで「米」と「菌」が結びついて、食の世界に別次元の扉があらわれることになる。

　こう考えていくと、ウルチ米とモチ米、さらに蒸しの技術による麹が三位一体で醸される、米文化の極致は、味醂《みりん》かもしれない。味醂はウルチ米を蒸した麹に、麹でつくった米焼酎《こめじょうちゅう》を加え、さらに蒸したモチ米を加えてつくる甘いリキュールだ。米の加工技術を総動員することで、メロンよりも甘い高貴な風味をつくりだす。ウルチ米のアミロースとモチ米のアミロペクチン、さらに麹のでんぷん質分解酵素をかけ合わせた米の芸術である。

混沌の世界に登場する、カビの神

古代日本では天孫降臨の「稲—神—民」の三位一体により世界＝食国の繁栄が約束されていた。これを料理に移し替えると「稲—菌—民」の三位一体による食の繁栄になる。田んぼが繁栄すると→有用菌が繁栄し→人間が繁栄してまた田を耕す、という循環である。

古事記と日本書紀どちらの冒頭部にも登場する、アマテラスやスサノオよりも前に地上に生まれた、人神のアーキタイプのような神をご存じだろうか。名を「ウマシアシカビヒコヂ」という。様々な解釈の余地がある名前だが、序章で出てきた伊勢の「うまし国」の理屈でいけば、「おいしいカビのナイスガイ」だ。この「カビ」には「牙」という漢字をあてる（日本書紀では可美葦牙彦舅尊[*12]と書く）。この「牙」は「芽」吹くであり、「黴《かび》」と同じ語源だ。さらに牙は歯すなわち「嚙《か》む[*13]」でもある。この「嚙む＝カビ」の符合は、発酵の専門家としては見逃せない。コウジカビには、でんぷんを糖分に変えるアミラーゼという酵素がある。この酵素は実は人間の唾液《だえき》にも含まれている。お米をくちゃくちゃと

＊12　可美葦牙彦舅神・宇摩志阿斯訶備比古遅神とも書く

＊13　漢字源を参照。牙は歯の類語であり、歯の語源には食べ物を液体のようにそのまま飲み込むのではなく口のなかで咀嚼する行為がある

「噛む」と、甘みが出てくるのは、唾液中のアミラーゼ酵素によって、鎖状のでんぷん質がほどかれて糖分に分解される。これ、麴の酵素の働きで甘酒ができるのと同じ原理なのだ。酒の歴史を紐解《ひもと》いてみると、古代には人間がくちゃくちゃと噛んで糖化した米を使って酒を醸す「口噛み酒」の習慣があり、20世紀前半まで琉球《りゅうきゅう》や奄美《あまみ》、アイヌ文化圏で存続し、神事に用いられていた（奄美諸島でおなじみの「みき」の源流は口噛み酒と言われている）。8世紀頃、日本人はすでにカビと人間で共通の酵素の働きに気づいていた可能性が高い。

国稚如浮脂而　久羅下那州多陀用弊流之時　如葦牙因萌騰之物而成神名　宇摩志阿斯訶備比古遅神

（国がまだ幼く、油が水面に浮き、クラゲが海面に漂うように、アシカビのごとく萌え上がってきてかたちを成す神が、ウマシアシカビヒコヂである）

古事記では、ウマシアシカビヒコヂは、葦《あし》やカビのように何もないところからモニョモニョと生まれてきた人型の存在である、とある。何もないところからモニョモニョ姿をあらわすのは、コウジカビをはじめする菌類と一緒だ。そしてこのカビの神は、いちおう神と書かれているが、同時に地上に生きる人間のアーキタイプのことだろう。世界が天と地にわかれる前、混沌《こんとん》の中に漂っていた頃にあらわれたウマシアシカビヒコヂは、菌と神と人が混じり合った存在なのである。このおいしいカビのナイスガイ（彦）は、もしかしてコウジカビを使って美味しい酒や食べ物を醸す料理家だったのではないか？　突飛な発想のようだが、「食国」の最初の住人にはふさわしいように思える。

アマテラスに捧げる、神具としての麹

グルメ大好き天上神ことアマテラスを祀る食の信仰の総本山、伊勢神宮。内宮にも外宮《げくう》にも神域内に御酒殿神《みさかどののかみ》という社がある。ここは、酒の守護神を祀る神殿であり、神事では正に酒の原料となる麹が供えられるのだ。酒の神に麹を捧げて、これから神職の手により酒を醸させていただくことが伝えられ、酒造りの安泰が祈られるのである。外宮の御酒殿神については、普段は入れないのだが、麹の専門家として特別に参拝することができた。森のなかとはいえ、風通しの良い場所に建てられているので、淀《よど》んだ場所で活動する雑菌が近寄れない、醸造にふさわしい立地である。神宮を案内してくれた神職の江沢《えざわ》さん曰《いわ》く、

「古来酒を醸すのも神職の大事な役割です。この社には麹をお供えするのですよ」

とのこと。なんと、酒だけでなく麹自体も神に捧げるとは。なぜそんなことを？　と考えていたら、ネパールで見つけた糵の末裔《モルツァ》のことを思い出した。餅のように円い米粉団子の表面を、白いコウジカビが覆ってツヤツヤと輝いている……おお、これは鏡なのではな

外宮の御酒殿神

いか？　かつて日本でもつくられていたという、米でできた、真っ白に輝く丸くて尊い発酵の素《もと》。それ自体は食べても美味しくない麹は、神話の起源にあらわれる、生命力の象徴であるカビの力を宿すものとして大事にされてきた。麹をつくり酒を醸す酒部司《さけべのつかさ》は神のすぐ近くに使える重要な役職、ウマシアシカビヒコヂの末裔である。

そんな聖なる麹に関わる者のはしくれとして、アマテラスを祀った伊勢神宮内宮《ないくう》の本殿に特別参拝をさせてもらうことにした。本殿を仕切る垣根の中に入り、アマテラスのいる場所へと続く正宮の前に立つ。森を通してあたたかな光が差してくる。風が吹いて、木々のざわめきの中からかすかな声が聞こえる。

「あなたも……がんばって美味しいものを……探してきてちょうだいね……」

と、天上からのリクエストを僕はしかと承《うけたまわ》った。

はい、がんばります！

国の起源と米の関係性を、神話で読み解きましょう。

●『古事記』『日本書紀』

ほぼ同じ時期に編纂《へんさん》された歴史書『古事記』と『日本書紀』。共通するエピソードや登場人物が多く、日本の通史を記録する狙いは一緒。「誰向けなのか」が異なります。『古事記』は国内向けに皇族の正当性を示すため、『日本書紀』は中国（唐《とう》）や朝鮮（新羅《しらぎ》）に向けた外交文書、というのが通説。同じ食料神である古事記のオオゲツヒメと日本書紀のウケモチノカミでなぜ出てくる食物が違うのか、想像してみると面白いですね。

●肉食の思想：鯖田《さばた》豊之《とよゆき》

麦作のヨーロッパと稲作の東アジア。主食からコミュニティ形成や精神性の違いを描き出した快著。

●もち（糯・餅）ものと人間の文化史：渡部《わたべ》忠世《ただよ》　深澤《ふかざわ》小百合《さゆり》

モチ米に焦点を当て、農学的な価値と文化の形成を追った壮大な一冊。同じシリーズの『麹（こうじ）』も必読。稲作の普及から麹文化の成立に至る過程が化学・歴史の両面で理解できます。

第二章

塩と醤油

二柱の神、天の浮橋に立して　その沼矛を指し下して画きしかば
塩こをろこをろ*14に画き鳴して引き上げし時に　其の沼矛の末より垂落《したた》る塩は
累り積りて島と成る　是淤能碁呂《おのころ》島ぞ。

男女の神（イザナギ・イザナミ）が混沌《こんとん》とした大地の沼（つまり海）を矛《ほこ》で、「潮よ凝《かた》まれ、凝《かた》まれ」と唱えながらかき混ぜると、矛の先からしたたり落ちた雫《しずく》がかたまって島となった。これが地上にできた最初の島、おのころ（自《おの》ずから凝まる）島。この島でイザナギ・イザナミは夫婦となり、次々と他の島を生み出し、やがて日本列島となった。古事記の有名な「国生み神話」だ。

「潮をかき混ぜて凝固させる」という行為は、日本の原始的な製塩法を指している。海水を長時間攪拌《かくはん》しながら煮詰めて、海水のなかの3％ほどの塩分（ナトリウム）を結晶化させる。岩塩や塩湖が存在しなかった日本において、考えられる限りもっともシンプルな製塩方法だ。曖昧模糊《あいまいもこ》とした潮（海水）を塩として結晶化させる。そのプロセスが、ドロドロとした沼（海）から固く安定した島（陸）をつくりだすプロセスに重ね合わされているのが実に面白い。最初の人がアシカビのモヤモヤから生まれたエピソードに引き続き、日

＊14　こをろ→凝《こ》をろ

本では最初の土地は潮のドロドロから生まれた。モヤモヤ・ドロドロの混沌から輪郭を持ったユニットが姿をあらわしてくる。そのユニットがまた他のユニットを生み、増殖していく……。これは原始の海のなかから、細胞という輪郭を持った生命が誕生するプロセスのメタファーだ。地の神に先立ってあらわれた天上神アマテラスが送る光のエネルギーを光合成して、液体のなかからモヤモヤした藻が姿をあらわす。やがて藻は水辺にあがってアシのような湿地植物になり、水辺から動物が姿をあらわしてくる（そして僕たち人間は、水辺の動物の末裔《まつえい》だ）。たっぷりと酸素があり、自由に動き回って植物や他の動物を捕食することができる陸上で動物は豊かな生を謳歌《おうか》したが、足りないものがあった。

それが塩である。

なぜ塩はおいしいのか？

人間は塩が好きだ。塩をかけると何でも美味《おい》しくなる。スイカに塩をふりかけると、甘さが際立つ。塩は素材の味を引き出し、食材を「料理」に引き上げる魔法の結晶だ。

ではなぜ人間は塩を「おいしい！」と感じるのだろうか。そこには生物学的なメカニズムが働いている。人間はじめ動物全般は、筋肉を使って運動する。この時、神経系と筋肉を協調させる潤滑油として塩分（ナトリウム）が必要になる。脳が「動くぞ！」と神経系に指令を出すと、筋肉の細胞にナトリウムが集まり、筋肉に緊張状態が生まれる。弛緩《しかん》と緊張を切り替えることで、筋肉の伸縮が起こり、運動できるのだ。もうひとつ。塩は体内

（もっといえば細胞内）の液体量を調整する機能もある。細胞の内外でナトリウムを使ってイオン濃度の勾配《こうばい》をつくりだすことによって、細胞内に体液をつなぎとめている。例えば人間はじめ哺乳《ほにゅう》類の体は、一定のナトリウム量（液体中の約0・9％）が基準となって体液をキープしている。何かを食べてナトリウム量が基準値より増えると汗やおしっこで排出する。海で溺《おぼ》れた人が脱水症状になるのは、過剰なナトリウムを排出するために体の水分がなくなるから。反対にナトリウムが減りすぎても問題だ。暑い夏にスポーツして汗をかくと、体内から水分とナトリウムがどんどん抜けていく。喉《のど》の渇きを潤そうと水分「だけ」摂《と》ると、ナトリウム濃度が低下して神経と筋肉の連携がうまくいかなくなり、頭がボーッとして体が強《こわ》ばる。この時に効くのが経口補水液。ふだん飲んでもまったく美味しくないのだが、ナトリウム不足になった時はこの世のものとは思えないほど美味しい。

このように、動物である人間が生きていくためには塩（ナトリウム）が欠かせない。このメカニズムは、そもそも動物が海で生まれたことが関係しているのだろう。海中に豊富に存在している（約2・7％）ナトリウムを媒介に「運動」という機能をゲットした動物は、海のない地上にあがった後も、ナトリウムを摂取しないといけない運命となった。いっぽう動物に先立って陸にあがった藻の末裔＝植物は、運動しないので塩を必要としない。なんなら塩の作用で細胞から水分が抜けて萎《しお》れてしまう（農業における塩害の原理）。

同じ生物でも動物と植物では、陸上での生存条件がまったく変わってしまったのだ。

塩（ナトリウム）がないと生きていけない動物。一番手軽なナトリウムの摂取方法は、他の動物を食べることだ。動物の体液にはナトリウムが含まれているからね。獲物から滴る血は、経口補水液のようなものなのだ。では、他の動物を食べない草食動物はどうしているのか。塩分のある岩や土などをペロペロ舐《な》めることでナトリウムを摂取している。ヒマラヤに住むターキンという野生のウシは、夏になると標高4000mの高地を目指して移動し、塩水の湧き出る沼の水をペロペロ舐めて暮らす。やがて気温が下がる秋になるとまた標高の低い土地に戻って冬を越す、というサイクルで生きている。草食動物にとっていかに塩分を摂るかは死活問題だ。それでは動物も植物も食べる雑食動物たる我ら人間はどうだろうか？

「住んでいる場所の特性によって摂取方法が変わる」というのがその答えだ。肉食に近ければ塩の切実さは薄まり、草食に近づけば塩の切実さが高まる。比較的草食に近い日本人にとって「いかに外部からナトリウムを摂るか」は、「いかに生きのびるか」ということとイコールだ。こうして塩は日本の食文化における大きなテーマになったのだ。

製塩の誕生とその限界

人間は古来どのような塩の文化を育ててきたのだろうか。草食カルチャーの日本の事情が気になるところだが、まずは日本と真逆の肉食カルチャーである中央〜西アジアを見てみよう。「たばこと塩の博物館」というJT[*15]の運営するミュージアムがある。ここで遊牧

＊15　かつての日本専売公社

民の「塩袋」という興味深い文化の展示を見ることができる。このエリアの遊牧民は、ユーラシア大陸東西の塩の貿易を担っていた「塩の民族」である。

「動物の肉食べてるのに、なんでそんなに塩が必要なの？」

と不思議に思うかもしれないが、よく考えてほしい。遊牧民は牛や馬など、草食動物たちと暮らしている。塩は人間のためというより、家畜のために必要なものだったのだ。遊牧民は大量の家畜とともに移動して暮らしているので、家畜を柵《さく》で囲ったり、一頭一頭をヒモでつないだりはできない。そこで塩で家畜をコントロールするのだ。放牧番が塩袋を持って家畜を先導する。たまに家畜に袋から塩をやるのだが、袋の口がすぼまっているので、一度で満足するほど塩を摂ることができない。そこで仕方なく人間に付き従わなければいけない、というよくできた仕組みだ。アジアの山岳地帯には岩塩が豊富にあるので、家畜を手懐《てなず》けるように活用していたものが、後に塩の貿易に発展し、中世アジアの交易文化に影響を及ぼしていった。

それでは次に島国日本を見ていこう。まず日本では岩塩がほとんど採れなかった。そして家畜の肉を食べる習慣も根付かなかった。しかし細長くて海に囲まれていたので、当然海を利用して塩を摂取することになる。原始的な製塩方法は国生み神話同様の「海水釜茹《かまゆ》でメソッド」だが、あまりにも効率が悪いので、組織だった最初の製塩法は藻を使っていた。まず海水を煮詰めて、濃縮された塩水をつくる。そこに主にホンダワラなどの藻を浸す→乾燥の工程を繰り返し、塩が濃縮された藻を焼いて灰にする。灰を塩水に戻したのちに濾過《ろか》すると、さらに高濃度の塩水に。それを壺《つぼ》や甕《かめ》で煮詰めると塩の結晶ができあがる。

来ぬ人を　まつほの浦の　夕なぎに
焼くや　藻塩の　身もこがれつつ

藤原定家《ふじわらのていか》が詠んだ句にも出てくるこの「藻塩」。なかなか手間のかかる方法だが、海藻のうま味が詰まって風味もよかったのだろう。恋に焦がれる人の心を、夕方の浜辺で焼かれる藻に重ねるあたり、さすがの巧みさ。何度も何度も乾燥を繰り返す工程も恋のじれったさをあらわすようでなかなか粋《いき》ではありませんか。

現在でも塩づくりの神饌《しんせん》の儀式が伊勢神宮内の御塩殿《みしおどの》神社で行われている（伊勢神宮、食べ物何でもつくりすぎ!!）。古代の塩の釜茹でを、神職たちが海辺で行うのである。国生み神話の風景を再現するこの塩づくりの儀式は、神饌にとっての塩の大事さを教えてくれる。日本の神さまはお米や豆中心の草食スタイルなので、ナトリウムが必要だ。伊勢神宮お手製の塩は、ほんのりピンクがかった、宝石のようにキラキラ輝くありがたい結晶だ。

製塩法が確立する縄文以前の時代はどうなっていたのか。土器で海水を煮る原始的な製塩も行われていたようだが、刮目《かつもく》すべきは貝。貝類は、魚や哺乳類よりも体内のナトリウム濃度が格段に高いのだ。縄文の貝塚には、貝を煮干《にぼし》しに加工して塩として使う製塩所のような機能もあるのでは？　という説もある。

海水釜茹でメソッドも藻塩も、大量の火力を必要とする。そこで次に出てくるのが太陽の熱と砂を利用する塩田方式だ。海近くの砂地に海水を運んで撒《ま》き、砂に天日で乾燥した高濃度の塩を蓄積させる。砂地と人手を用意すれば大量の塩がつくれるため、産業として各地に普及した。このメソッドが開発されて、ようやく塩が一般的な食材として流通するようになる。民俗学者の宮本常一《みやもとつねいち》が描いた「塩の道」は、海辺でつくられた塩が山里に運ばれていく交易路だ。魚介類を口にできない山間地の人々は、独立した食材としての塩がないと生きていけなかった。こうして日本の海と山は、塩によってつながれた。

ところがここで、中央～西アジアではありえない事態が起こる。海由来の塩は、にがり成分[*16]を含むゆえに空気中の水分を吸ってしまう性質があり、日本では塩が長距離を運搬するあいだに湿気《しけ》てしまう問題が生じたのだ。乾燥した大陸とは違う、ウェットな島国に適した塩の運搬方法が必要とされた。

このウェットな島国特有の事情で発達してきたのが、醤油《しょうゆ》である。

醤油の系譜を辿る

それでは話を醤油に移そう。日本では中世から近世にかけて、醤油がメジャーな調味料

＊16　海水から塩を取った後に残った液体のこと。マグネシウム、数十種類のミネラルが主成分

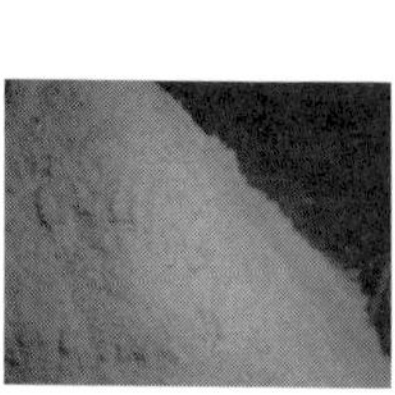

海水を煮詰めたにがりたっぷりの塩

として発達・普及していった。しかし裏を返せば、室町時代末期まで醬油は姿をあらわさない。江戸時代末期に至っても、醬油が一般的になったのは江戸や京都・大阪（当時は大坂。以下大阪で統一）のような都市圏に限られ、日本全国津々浦々に醬油が普及したのはようやく第二次世界大戦後である。奈良時代に原型ができ、室町時代にはかなり広く普及した味噌《みそ》よりもだいぶ出遅れて広まったのが醬油と言える。さて、調味料としてはかなり後発の醬油が、なぜ日本における調味料の代名詞になったのだろうか？ その歴史を紐解《ひもと》いてみよう。

醬油の起源は、中国大陸の醬文化。醬とは平たくいえば「うま味の溜《た》まったもの」のことだ。象形文字を辿《たど》ると「肉を細かく刻んで調理し、酒壺で長く漬け込む」という解釈ができる。ここから推測されるのは、醬の原料はかならずしも穀物に限らなかったということだ。アジアを旅していると、様々な醬に出会う。獣肉のミンチを漬け込んだ「肉醬」[17]、魚介を漬け込む「魚醬」、そして竹や葉物などを漬け込んだ「草醬」、豆や麦などを漬け込む「穀醬」。先述の字源に近しいものが「肉醬」だが、肉食が普及しなかった日本では見かけない。「魚醬」はタイのナンプラーやベトナムのニョクマム、日本ではしょっつるなどの文化が日本海沿岸に根付いている。古代ローマにはガルム[18]というイワシやサバを漬け込む魚醬があり、現代のアンチョビの系譜だ。草醬はいちおう醬カテゴリーだが、どちらかというと漬物に発展していく。わかりやすい例が、中国の竹を発酵させる文化だ。西南

＊17 近年ではいくつか豚の醬油などをつくっているメーカーがあらわれている

＊18 ガルムとアンチョビの製法の違いは重しをするかどうか。重しをするガルムは魚の身がドロドロに溶けてアンチョビより調味料っぽくなる

部に生える柔らかいマチクを漬け込み、滲《にじ》み出た液体部分を醤に、竹を干してメンマ＝漬物として食べる。液体部分は青臭くて美味しくない。「草醤」は素材の繊維分が多く、肉や魚、穀物などのようにドロドロに溶けないので、液体と固形が分離する。その特性上、液体の部分を調味料に、固形の部分が漬物に進化したのだろう。

そして「穀醤」。これが日本の調味料文化の基盤となり、やがて醤油のもとになる。大豆や麦などを塩蔵し、うま味の溜まった調味料とする。前述の3つの醤と違うのはカビの関与だ。他の醤は塩蔵が基本で、必ずしもカビによる発酵を必要としない。食材のなかにある自己消化酵素や乳酸菌による発酵で調味料になる。しかし、穀物に塩を混ぜてもしょっぱいボソボソができるだけで調味料にはならない。穀醤の原型を宿しているのは中国の豆豉《トウチ》[*19]である。蒸煮した大豆を暖かい環境に置くとカビが生える。このカビが酵素を出して大豆の細胞を柔らかくし、たんぱく質やでんぷん質を分解してうま味や糖分をつくり、大豆自体が麹《こうじ》になる。この豆麹に塩を混ぜ、乳酸菌や酵母による多重発酵を起こしてドロッと溶けた半固形ペーストができあがる。さらに挽《ひ》いた麦を少量加えるとさらに発酵が促進され、香りもよくなる。穀醤は、他の醤とは違ってカビによる発酵が介在するため、複雑なうま味があり、中国では古代から高級な調味料、あるいは薬として重宝されたようだ。

典型的な豆豉は豆の粒がしっかり残っているのだが、水分量を多くしていくと、ソースっぽいドロドロのテクスチャーになっていく。16世紀中国のカタログ『本草綱目』に豆麹を塩水で仕込むレシピが残っている。このような方法論が現在の醤油の原点だろう。た

＊19　豆豉の系譜については次章で改めて紹介する

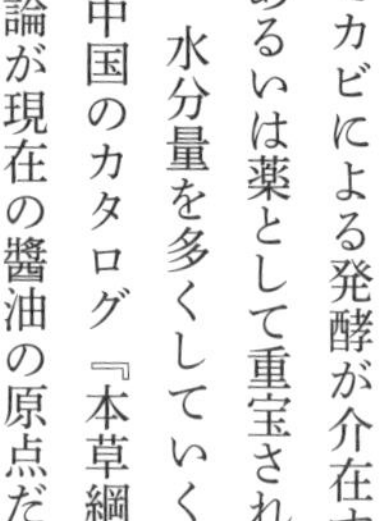

中国の豆豉

だこの段階ではまだ現代の醤油のように完全な液体ではなく、もろみのような状態だ。現代日本でも地方で手作りの「しょうゆの実」という穀物のモロモロが残った粘度の高い醤油のような調味料を見かけるが、おそらく『本草綱目』の醤油もこのようなものだろう。続く清代にかけて、もろみを搾って液体を取り出す醤油の記録が見られる。しかしこれは富裕層の宴会用に使われる特殊な調味料だったようだ。20世紀半ばまで、中国において醤油は主に長江以南の、家内制手工業の規模にとどまり、日本のように本格的に産業化はされなかった。中国において家庭料理に使われていた醤油っぽい調味料は、「麺醤《メンジャン》」といって、大豆を使わず小麦だけで仕込む。麦に多く含まれるでんぷん質が糖分に分解された、甘くて香りの良い味噌と醤油のあいだのなめらかなペースト調味料。現代中華料理でポピュラーな甜麺醤《テンメンジャン》はこの系譜だ。甜麺醤に限らず、中国の醤油は日本のものと比べて粘度が高い。ソースのようなテクスチャーで塩分が低く、高温で発酵を進めるために糖分が残って甘味が強いものが多い。醤「油」と書くように、ねっとりして味が濃く、日本の澄んでドライな醤油とは印象が違う。このように、古代の醤を原点としながらも、中国と日本では中世以降、醤油の辿った道は分岐していったのだ。

日本の醤油黎明期

それではいよいよ日本の醤油の系譜を辿ってみよう。奈良時代の771年に成立した仏教聖典の貸出記録『奉写一切経所紙納帳《ほうしゃいっさいきょうしょしのうちょう》』*20に、「醤大豆」なる記述が登場する。大豆麹に

*20　写経事業を行う際に東大寺が授けた物品が記された記録

塩や酒、もち米などを加えた醤状のものから出る液体を調味料としていたようだ。原料だけ見ると甘味やうま味が強そうで実においしそうなソースではないか。同じく平安時代の『延喜式』[*21]に「未醤《みしょう》」なるさらに洗練された調味料が記されている。前述の醤大豆に、さらに米や小麦麹、酒や塩を加えて発酵させる。原料比を見ると水分が少ないので、基本的には固形の醤ができあがるはず。ここから液体部分を取って使う。当時貴重な米や酒、塩をバンバン使うのでとんでもない高級食材だ。キャビアとウニとフォアグラをたっぷり使ったソースを想像してほしい。当然庶民の調味料ではなく、平安貴族の宴会に使われる贅沢《ぜいたく》、あるいは薬効のある健康食として用いられたのだろう。平安時代には「大饗料理《だいきょうりょうり》」という、中国スタイルの宴会食が登場する。貴族や武士の宴会というと、一人ずつお盆に載った料理が運ばれてくるイメージだが、大饗料理は中国式に大皿料理が宴席に置かれ、みんなで取り分ける。干しアワビや鯛《たい》の刺し身、梨などの高級食材がズラッと並び、各人の手元には酢、醤、塩、料理酒が置かれ、シンプルに煮るか焼く、あるいは生の食材にお好みで調味料をかけて食べていた。この4種の調味料、当時の庶民にはとても手に入らないものばかりだが、中でも醤はひときわうま味の強いものとして珍重されたはず。だって、大豆のうま味、酒のコク、塩の酸味、麦の甘味が全部盛りになってるんだよ？　普段の食卓はまだ煮る・焼くだけで調味をしないプリミティブな時代に、大陸由来の「調味料」の文化はさぞかし先進的でテンション上がるものだったのだろう。千葉県香取《かとり》市の香取神宮には大饗スタイルの神饌が継承されている。資料を見てみると、食卓には山海の珍味と

＊21　朝廷に納められた物品カタログ。古代を研究する時にみんなが参照する定番資料

ともに、羽を広げた剥製《はくせい》状態の鳥がデン！　と盛られている。質実剛健を信条とする、室町以降に成立した武家社会の宴席とは正反対の、ドヤ感溢《あふ》れる宴《うたげ》である。

古代日本では、醤油はまず贅と手間を尽くした「貴族権力の象徴」として歴史に刻まれた。そして時代は下り、鎌倉〜室町時代にかけて、醤油の文化は次の一歩を踏み出す。貴族の食文化から仏教の食文化へと移行していくのだ。

精進料理と武家の精神

奈良〜平安にかけて主に祈禱《きとう》のために発展した仏教。武家が政権が握る鎌倉時代以降、仏教はより実践的なものへと変遷していく。中国で修行したインテリの僧が、貴族の病を祓《はら》ったり雨乞《あまご》いをしたりしていた「儀式」としての仏教が平安まで。そこから武士や庶民が行に励む「ライフスタイル」としての新しい仏教[*22]が登場する。なかでも重要なのが、禅宗だ。鎌倉幕府がひらかれる12世紀末、中国（宋）から日本に導入された禅宗は、山に籠《こ》もって過酷な修行をする密教と違い、日常生活の実践が行になるライフスタイル型信仰の性格が強い。明日死ぬとも知れない厳しい日々を送る武士の平穏の拠《よ》り所《どころ》として、同事に都の貴族にナメられないための教養として「武家の宗教」である禅宗が普及していった。禅宗では、料理・食事も大事な修行である。食を通した修行が精進料理として日本に根付き、食文化を変えていく。

＊22　もちろん密教をはじめ前の時代のスタイルを残した仏教も並行して存在していたのだが

そもそも精進料理とはなんだろうか？　起源は古代中国の殷《いん》王朝まで遡《さかのぼ》る。王や神官が特別な神事に臨む際に、一定期間殺生を絶ち、身を清める。そのための食の作法がやがて仏教の修行に取り入れられていった。現在日本で実践されている精進料理は、中国の宋から、禅宗の教えとともにもたらされたものだ。基本ルールは、

・殺生の禁止：肉や魚など動物性のもの
・刺激物の禁止：ニラやにんにく、お酒など

の2つ。とりわけ「刺激物の禁止」は精進料理のコンセプトを体現するようで興味深い。ニラやにんにく、お酒はどれも摂ると興奮してソワソワ・ムラムラするもの。さらに「臭いがキツいもの」でもある。精進料理が大事にする美意識は序章に出てきた「百味の飲食《おんじき》」のコンセプトの延長線上にある。殺生を避け、野菜や豆を時間をかけて加工し、柔らかく消化しやすく、季節を取り入れて美しく盛り付ける。食を通して、食べるものを自然の恵みとしていただくことのありがたさに気づくための「修行」。精進料理は「食べる人も、つくる人も、仏様もみんな喜ぶ食事」なのだ。

日本での精進料理のオリジネーターは道元《どうげん》禅師。中国の宋で禅宗を学び、帰国後に福井の山中に永平寺《えいへいじ》を建立した。宋で禅における食の重要性を実感した道元は、食事の作法を定めた指南書『赴粥飯法《ふしゅくはんぽう》』を記し、いかに料理をつくり、いかに食事をいただくかの作法

を弟子とともに永平寺で徹底的に実践した。永平寺内には「典座《てんぞ》」という役職がある。食材を集め、調理し、同僚や先祖、さらには鳥（！）にまで料理を提供する。それまでの仏教では調理番は下働きだったのだが、典座は上位役職、めちゃエライ人である。禅宗における食の重要性がわかるだろう。

精進料理によって「食べること」に、神さまのお供えでも貴族のグルメでもない「人間性の修養」という新たな側面が付け加えられた。道元が説いた精進の教えが、武家の精神と化学反応を起こし、「日本独自のおもてなし精神」を誕生させることになる。

精進料理による調味料の発達

時代が下るとともに、精進料理はやがて禅宗を信仰する武士や庶民にも普及していく。7世紀後半に食肉禁止令が出て以降、獣肉の代わりに魚介で動物性たんぱくを摂っていた日本人。精進料理によって魚介すら排してラディカルに草食の傾向を強めてしまった。ここで章の冒頭に書いた「草食動物にとって、塩分（ナトリウム）の摂取は死活問題」というエピソードを思い出してほしい。結論から言うと、禅宗由来の精進料理の発達とともに、高濃度の塩分が抽出された醤油（的なもの）の需要が高まっていくのだ。

では精進料理と調味料の関係性を掘り下げていこう。植物性のものだけで構成しなければいけない縛りの中で、主要な栄養源であるたんぱく質やでんぷん質（カロリー）を補うために発達した食材が2つある。ひとつは大豆の絞り汁を凝固させた高たんぱく食品、豆腐*[23]。もうひとつが麦を練って加工したカロリー源である麵類だ。実は禅宗伝来以前にこの2つの食材は日本の食卓にはほぼ登場しない。意外なのが麵類だ。大陸では紀元前から麦を加工した麵類が常食されていたが、日本では米のように粒状に食べるのがメインだった。いちおう文献によると平安時代、遣唐使によって素麵《そうめん》がもたらされたらしいのだが、素麵とは名ばかりで実際は小麦粉を練ったものを撚《よ》って揚げたお菓子のようなもの、あるいはそばがきのようなもので今の僕たちがイメージする主食としての麵とは違うものだ。精進料理が普及した鎌倉〜室町にはじめて主食としての麵類が普及する。

たんぱく源の豆腐とカロリー源の麵類。平安までの魚介と穀物の粒食と比べるとかなり形態が違う。どちらもめちゃ淡白な味で、塩気やうま味がないと味気なさすぎるのにお気づきだろうか。というか、塩味とうま味のない菜食って、ちょっと食べるの無理じゃない……？　はい注目！　動物性食材が禁止されたことによって、塩と調味料は「贅沢」から「必須《ひっす》」なものにクラスチェンジするのである。前述の中国の麵醬を思い出してほしい。麵食と醬はセットになって発達した。塩気とうま味のある汁に麵を浸してズルズル啜《すす》る。その時に、豆豉のような固形の醬より、もっと柔らかく溶けやすい醬のほうが汁をつくる時にはだんぜん使いやすい。豆腐にあわせる調味料も同じく、柔らかいもろみペースト、あるいは田楽のみそダレのようなソース状のほうが使いやすい。

*23 「粟・豆・麦・芋」の章で詳しく紹介する

この時期の精進料理の記録を見てみよう。鎌倉末期（1300年）、『厨事類記《ちゅうじるいき》』*24に「垂れ味噌」という調味料が出てくる。固形の味噌（時代的におそらく豆豉のような固形醤）を水で薄めて煮詰め、それを絞って醤油のように使うものらしい。麺類の汁、野菜や豆腐にかけるタレなどに使われたことが想像できる。さっぱり上品で食べやすい、百味の飲食を体現するような食べ合わせではないか。

そして室町後期、16世紀中頃にはさらに一歩進んで「唐味噌《とうみそ》」という調味料が登場する。大豆と大麦・小麦を混ぜて麴にし、塩水と合わせて仕込んだもの。「味噌」とあるが、水分が50％近くあるので（豆豉状の固形醤は30％以下）、かなり柔らかいペースト状だ。これをさらに絞って液体部分もソースとして使っていたようだ。どうやらこの時期になってようやく日常的なうま味調味料としての醤油の原型ができあがり、続く江戸時代にいよいよ現代に通ずる醤油文化が花開いていく。

製塩イノベーションとしての醤油

話をもう一度塩に戻す。古代の海水釜茹で〜藻塩メソッドが平安時代まで続き、鎌倉時代以降より組織的な製塩法が普及していく。浜辺近くの砂地に海水を撒いていくと、天日で水分が飛んで塩が蓄積した砂ができる。この砂の上からまた海水をかけると、塩分濃度15％程度の塩水が抽出できる。この高濃度塩水を釜茹でにすると、海水をダイレクトに茹でるより効率よく塩ができる。これを「揚浜《あげはま》式塩田」法という。自然の熱エネルギーを使っ

＊24　儀式に使われたレシピ集

て効率よく塩を結晶化させられるし、広い場所で一度に大量の塩をつくることができる。

ここで素朴な手づくりだった製塩が、人手を投入するほど生産効率が上がる、労働集約型の産業に変貌《へんぼう》する。室町から江戸初期にかけて、揚浜式塩田が全国に普及していくに従って、さらに地の利を活《い》かした塩田方式が発明される。入り江にダムをつくり、潮が満ちてきた時の海水を浜に引き留めたまま天日乾燥させる「入浜式塩田《いりはましきえんでん》」だ。それまで人力でエッサホイサと海水を運んでいたのが、潮の満ち引きで勝手に海水が撒かれるので圧倒的に効率が良い。この入浜式メソッドが勃興《ぼっこう》したのが、潮が穏やかで入り江のたくさんある瀬戸内海沿岸。地形を活かして塩を作りまくった結果何が起こったかというと、貴重品だった塩の値段が下がってコモディティ化が進んだ。現代のパソコンのごとく、アメリカのシリコンバレーや中国の深圳《しんせん》のように産業集積地が生まれてイノベーションが進めば進むほど商品の値段が安くなる現象が起こるが、同じことが中世から近世にかけての塩で起こった。次に起こるのは、コモディティ化した素材を別の用途に応用し、より付加価値の高い商品をつくる流れだ。アップルがパソコン→スマホで実現したことを、江戸時代の日本では、塩→醬油の流れでやっていた。塩をベースに、湿気にくく（そもそも液体だし）、かつうま味や香りも実装されている上位互換プロダクトとして、塩の名産地は醬油の銘醸地へとコンバートしていった。

具体例を2つ。まずは兵庫県龍野《たつの》。[*25] すぐ近くの沿岸部、赤穂《あこう》の塩ブランドを応用した醬油産業を16世紀後半、室町時代末期にスタートさせている。城下町であり、かつ京都に比

＊25 現在の自治体名は「たつの市」

較的近かったため、あっさりした醤油（今でいううすくち醤油）の製造に特化し、品の良い醤油の銘醸地として名を馳《は》せた。21世紀の現代でも、当時の城下町としての名残を留《とど》め、旧市街にはそこここに醤油蔵がある、情緒溢れる「醤油の古都」だ。

次に香川県小豆島《しょうどしま》。ここも穏やかな入り江に恵まれ、中世から塩の産地として知られていた。龍野よりやや遅れて16世紀末～17世紀初めに醤油の製造が勃興し、瀬戸内海を通じて広島や兵庫、四国、大阪などにアクセスが良かったこともあり、島の主要産業として醤油を採用。江戸後期～明治にかけて醤油ベンチャーが集積。明治初期には島のなかに約400の醤油蔵がひしめいていた。小豆島は龍野とは対照的に、濃厚な醤油（今でいうこいくち醤油）がメイン。濃い味付けを好む土地に運ばれ、比較的近くにある龍野と棲《す》み分けしていたのだろう。今でも20軒ほどの醤油メーカーが残る日本屈指の「醤の郷《さと》」だ。島の南、内海湾《うちのみ》付近を歩いていると醤油の香ばしい香りが街角から漂ってくる。

北陸金沢《かなざわ》の大野《おおの》港も江戸時代から勃興した歴史ある醤油の産地。加賀《かが》平野の北に細長く広がる能登《のと》が日本海側屈指の塩の生産地だった。こちらは瀬戸内海のような入り江には恵まれていないので、人力で海水を運ぶクラシックな揚浜式塩田メソッド。能登の奥、珠洲《すず》あたりまでドライブしてみると一目瞭然《りょうぜん》。細長い海岸のすぐ横に平らな浜が続いている。つまり海水を運ぶ距離が短く、広大な塩田が確保できる。この能登の塩を金沢港へ運び、加賀平野で栽培した大豆と麦とをあわせて醤油にし、日本海沿いの要所をつなぐ「北前船」の海運ルートに売りさばく。大野港の醤油蔵の旦那《だんな》さんに話を聞くと、昭和後期まではよく北海道に営業に行っていたらしい。江戸から明治にかけて、海の貿易の記憶が醤油の文化に残っているんだね。ちなみに能登では今でも昔ながらの味わい深い塩田の景色を見られる。

このように、塩の歴史は醤油の歴史へとつながっていく。ポイントは2つ。室町時代以降にうま味調味料の文化が貴族や寺社から民間に降りてきて、産業としての需要が生まれたこと。もうひとつが、海運と水運の発達だ。宮本常一の「塩の道」のように険しい陸路で塩を運んでいたのが、大阪の堺《さかい》から北海道までをつなぐ北前船のルートを使って、塩よりも重たい醤油を容易に運ぶことができるようになったのだ。

マスインダストリアルとしての醤油醸造

そして時代は近世から近代へ。江戸中期から明治の醤油産業を見ていこう。まずは製法から。室町後期に水分の多いペースト状の「唐味噌《とうみそ》」があらわれて1世紀ほど後、今のスタイルとほぼ同じ、液体調味料としての醤油が普及していく。江戸元禄の1697年、『本朝食鑑《ほんちょうしょっかん》*26（日常食の本格的なレシピ集）』に詳しい醤油の製造法が記されている。少し長いが引用しよう。

醤油は近世家々で造っている。その製造法は、大抵よい大豆一斗を水に浸してすすぎ、

*26 著者によって一部漢字を常用表現に改めている

よく煮、別に大麦の舂臼（つきしらげた＝挽いた）もの一斗を香しく炒り、石臼で砕き、ふるいにかけて粉にする。先ずこの滓《かす》をよく煮た豆に混合して攪きととのえ、次いで粉を上面にまぶし、むしろの上に広げ、これを覆って黄衣（きかび＝麹にしたもの）を作り、麹のときと同じようにさらし干しておく。塩一斗と水一斗五・六升を攪き合わせ、とろ火で煎じ数十沸させてから桶にあけ、冷えるのを待って、前の豆と麦の麹に加えて攪きととのえ、大豆に収め貯え、次の日から毎日三・五回竿で攪拌する。

とある。小麦のかわりに大麦を使っている点を除くと、相当に現代の醤油に近い。こうして醸した大豆と大麦のもろみのなかに竹のすのこを沈めて、液体部分を浸漬《しんせき》させて汲《く》み取っていく。これ以前の醤油的なものと比べて格段に粘度の低い、澄んだ液体であると推測できる。液体を汲み取ったもろみにさらに塩と麹を加えて、もう一度液体を汲み取っていたそうだ。最初の液体を一番醤油[*27]としてプレミア商品に、追加の液体を二番醤油としてレギュラー商品にしていたらしい。「まず固形の味噌をつくり、そこから液体を抽出する」発想が、室町後期から江戸にかけて「最初から液体調味料をつくる」発想に変わっていっているのがおわかりだろうか。おそらくこの時期に僕たちが今日認識している醤油が誕生した、と言って良さそうだ。『本朝食鑑』は、儀式食ではなく日常食のレシピ集。なので元禄時代には醤油がある程度一般的に普及していたことがわかる。『本朝食鑑』では、中国式の名前に則《のっと》って醤油と呼ぶ、とあるのでこの時期には日本―明の貿易で中国式の醤油

＊27 現代でもビールとかお酒にこういうのありますね

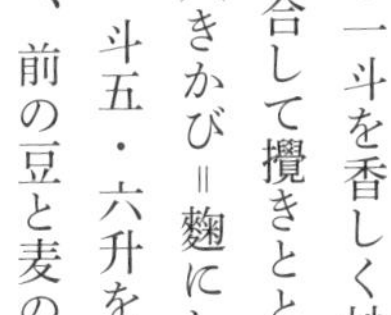
金沢大野港の古い醤油蔵の街並み

が伝わっていた可能性が高い。このレシピは、中国式の醬油と、従来作られてきた醬をあわせてリミックスしたものではなかろうか。

さて。室町から江戸時代にかけての日本社会の大きな変化といえば、江戸開府だ。しかも武士や農民だけではなく、町人が新たなマジョリティとして台頭する。それはつまり、日本史上初の「消費者の大集合」にほかならない。新たな消費者の大群に、どのように食べ物を供給するのか。しかも自分で食べ物を生産する農民ではなく、現金で食物を調達するモダンな人種である。野菜や魚をそのままかじるのではなく、加工して料理する。ということは調味料が必要になる。酒だって飲みたい。その需要を、初期は関西から船に載せて送ることで需要を満たしていた。醬油でいえば、前述の龍野や小豆島のような場所から江戸に送っていた。しかし紀伊《きい》半島や伊豆《いず》半島を迂回《うかい》して潮の荒い太平洋を渡っていくのは骨が折れる。そこで、関東で醬油を生産しようではないか……！　という機運が高まっていく。ここで活躍したのが、中世からの醬の生産地、和歌山県湯浅《ゆあさ》近郊の発酵商人たち。湯浅はじめ紀州エリアは龍野や小豆島に先駆けて、醬油（的なもの）を造っていたのだが、古くからの家内制手工業による小規模生産スタイルが仇《あだ》となり、大規模設備を整えた新興の醬油生産地の前に存在感が薄くなっていた。そこで関東に赴き、新開地での醬油ベンチャーに乗り出した。ボルドーやピエモンテのワイン醸造家が、南米やオセアニアのニューワールドでワイン醸造に乗り出すが如《ごと》くのフロンティアスピリッツ……！

そして勃興するのが、千葉の房総半島《ぼうそう》。*28 銚子《ちょうし》の大手醤油メーカー、ヤマサ醤油は江戸初期、正保2年（1645年）に紀州商人が関東に渡って創業している。関東平野は幾多の川で網の目のように結ばれていて、水害も多いかわりに水運が便利だった。利根《とね》川や江戸川を介して数日で江戸に醤油を運べる銚子は醤油ベンチャーにうってつけだった。次いで勃興したのが、日本最大手の醤油メーカー・キッコーマンを擁する野田《のだ》。銚子よりさらに江戸よりの内陸に位置する野田は、江戸時代でもなんと半日程度で醤油を運べたらしい。今のようにエンジンのついた車や船がない時代「近いは正義」だ。こうして江戸の初期から中期にかけて、千葉を筆頭に埼玉や栃木など水運に強い関東の各地で醤油の製造量が急増し、江戸後期になると関西よりも関東のほうが醤油の生産量が多くなってしまった。

これは地の利もあるのだが、江戸町人の食文化にも関係しているんだね。

江戸のファストフード

江戸はそれ以前にはありえないほど外食文化が盛り上がった都市だった。江戸後期、町人文化が花開いた寛政（18世紀末）では、浮世絵で様々なバリエーションの外食の様子を見ることができる。店のなかに入って食べるレストラン形式の店より目立つのは、屋台だ。歩きがてらサッと食べられる屋台のファストフードがどんどん開発され、握りずし、天ぷら、そばなど、現代でもおなじみのメニューが一般的になっていった。この3つ、全て醤油が使われているのがおわかりだろうか。おすしには醤油を浸したりたれを塗ったり、天

＊28　ここは関東では早い時期から入浜式塩田が発達していた

ぷらやそばには鰹節《かつお》でとっただしに醤油を加えたつゆをあわせる。関西～北陸の日本海エリアでは、北海道から運ばれる昆布と、龍野や金沢式のさっぱりして甘めの醤油を合わせて煮付ける料理がスタンダード。いっぽう江戸では静岡など太平洋でとれる鰹だしにあう、キリッとドライな醤油でインスタントにだし汁を仕上げて食材にかける／浸すのがファストフードにベストマッチとなった。千葉の房総半島でも当初は関西式のさっぱり醤油をつくっていたが、関西と違ってミネラルの多い硬水が湧く千葉では、微生物が旺盛《おうせい》に発酵した、こいくちの醤油が好まれるようになった。これが江戸ならではの味覚の象徴となったのだ。

もともと瀬戸内・日本海側の製塩文化から発展していった醤油は、やがて関東で町人文化に欠かせない調味料になっていった。平安時代からカウントして約千年。貴族による大陸トレンドの見せびらかしから、仏教の淡白な精進料理のブースターを経て、庶民のファストフードの味付けへと、醤油はテクノロジーの進化とともに民主化していき、ついには世界標準のＵＭＡＭＩ調味料へと発展していくのである。

醤油の種類と製法

室町後期に原型ができあがってから、醤油は土地の特性と食文化の違いにあわせて様々に発展してきた。以下、簡単に現在流通している醬油のバリエーションを挙げる。

■こいくち醬油

一般的に「醬油」とされている標準カテゴリー。大豆と小麦でつくった麴を、塩水と混ぜて発酵させる濃茶色のキリッとした辛口の醬油。うま味や酸味、塩味のバランスが良く刺し身にも煮炊きにも使える用途の広いスタンダード。スーパーで売っている醬油の8割がたはこいくち醬油である。

■うすくち醬油

こいくち醬油と基本は一緒だが、ややうま味をさっぱりめにし、甘酒や糖類を少しだけ足した醬油。江戸時代初期に兵庫県龍野で開発されたものが普及した。塩味とともに甘味やうま味もつけられるため、実はかなり便利な醬油。刺し身には若干不向きだが、煮炊きには最高。他の調味料との組み合わせも良い。なんならお湯で割ってお吸い物的にも飲める。

■再仕込み醬油

大豆と小麦の麴を、塩水のかわりに醬油で仕込む二重仕込みのフルボディ醬油。とにかく重厚なうま味が特徴。すき焼きの割下などに力を発揮する。中国地方や四国など、濃い味付けが好まれる地域で良く見かける。ちなみにバニラアイスにかけて食べると甘味が引き立ってめちゃうまい。

ここまでが「いわゆる普通の醤油」。こいくちを基準に、うま味を引いて甘味を足すとうすくち醤油、うま味を足すと再仕込み醤油。次に個性派醤油を紹介しよう。

■たまり醤油

味噌を熟成させる途中に溜まる液体部分を抜き取った醤油。主に東海圏の豆味噌の液体部分が使われる（豆味噌については「味噌」の章で後述）。穀物である麦が使われていないため、和食っぽいうま味が弱く、シャープなコクが持ち味。なので洋食にもよく合う。東海ではこいくち醤油の代わりに刺し身でも煮炊きでもたまり醤油を使う。スタンダード醤油に慣れた人からするとビックリな味わいだが、慣れると意外に使い勝手が良い。味の特性上、脂っぽいものと相性がよく、例えばハマチの刺し身なんかを試されたい。

■白醤油

普通の醤油は大豆をメインの原料とするのだが、大豆はほとんど使わず小麦をメインに仕込む。その結果、薄いベージュ色の醤油に仕上がる。関西の高級料亭などで、料理に色をつけたくない時に使われる。ビールのヴァイツェンのように、軽くてフルーティな印象なのだが、塩分とうま味はしっかり効いている。

■九州醤油

工業規格で定義されているわけではないのだが、明確に地域の個性が出ているため、僕はひとつのカテゴリーにカウントしている。主にこいくち醤油に糖分を加えためちゃ甘い醤油で、九州の南に行けば行くほど甘さが強くなっていく傾向がある（鹿児島、熊本あたりがスゴい）。辛口ドライな醤油が当然の関東の人からすると「？」な味なのだが、身の締まったブリや馬刺しにこの甘口醤油をたっぷりつけて食べるとトリップ感の強い食体験をすることができる。

まずは定番でこいくち醤油を常備しておく。そこに、あっさりした料理が好きな人はうすくち醤油、脂っぽいものが好きな人は再仕込み醤油やたまり醤油、上品な正統派和食をつくりたい人は白醤油をあわせると、普段の料理に幅を出すことができる。なお九州醤油は僕が言うまでもなく、九州の民はみんな家に一本常備している……！

なお標準のこいくち醤油でも、最近はクラフトメーカーの尖《とが》った商品が台頭してきて選ぶのが楽しい。特にポイントは「木桶《きおけ》仕込み」*29。杉の巨大桶で仕込むアナログな製法がいっけん没個性になりがちなこいくち醤油にキャラクターを与える。

*29 木桶について興味がある人は拙著『日本発酵紀行』をご一読あれ

海を渡る醤油

最後に醤油のグローバル化の歴史について言及したい。醤油は近代化以前から日本の外貨獲得ツールとして世界中に行き渡っていたことをご存じだろうか？　『日本の味 醤油の歴史』という本に、知られざる醤油の貿易史が記されている。

醤油の貿易は、製法が確立して間もない江戸初期にすでに始まっている。1647年にオランダの東インド会社が長崎の出島《でじま》から東アジアに輸出を始めた記録が残っている。輸出先は台湾、ベトナム北部（トンキン）、インドネシアのジャワ島、カンボジア、インドのセイロンなど広範囲に渡っている。この頃には中国でも醤油がつくられていたはずだが、日本製の醤油は香りや風味が評価されたらしく、輸出先と出荷量をどんどん増やしていく。続く18世紀中盤には、東インド会社の拠点があったインドネシアのバタビア（今のジャカルタ）経由でオランダに日本の醤油が運ばれ、それがさらにフランスに運ばれてグルメな貴族たちに珍重されていたらしい。博物学の大家、ディドロが中心になって18世紀に編纂《へんさん》された『百科全書』に、「日本人が調理に使用し、アジア人に人気の高いソースの一種である。オランダ人もまたこのソースを高く評価し、自国に持ち帰った」という旨の醤油の記述が登場する。英語で醤油はSOY SAUCE、仏語でSAUCE DE SOJAだが、これはもともとオランダ語のSOJABOONが起源だ。ディドロの先輩にあたるスウェーデンの博物学の大家、カール・フォン・リンネの弟子であるトゥンベリーの『日本紀行』にも醤油の記述が出てくる。「中国の醤油に比し遥かに上質である」とあり、輸出はオランダ、フランスにとどまらずインド等にも及んでいた。この頃には日本の醬油は家内制手工業から大規模生産に移行しはじめていたので、中国の醬油よりも品質が安定していたようだ。

さらに100年後、江戸末期19世紀中盤になると日本国内の生産量がピークを迎え、むしろ醬油が余るようになる。そこで明治維新以降、有力醬油蔵はさらに大規模な輸出を企てるようになる。日露戦争以降、日本の満州進出に伴い、商品の輸出だけでなく生産拠点を中国北部に新設する動きが高まり、明治後半から大正にかけて中国北部に日本スタイルの醬油工場がどんどんつくられた。最初は日本からの満州移民のために醬油をつくっていたらしいが、そのうちに地元民にも好まれるようになり、元は中国南部発祥の醬油が、北部では日本式のものに置き換わるという不思議な現象が起きた。その後、第二次世界大戦の敗戦によって日本醬油の海外進出はいったん挫折《ざせつ》したが、戦後大手のキッコーマンやヤマサ醬油が再びアジア諸国中心に海外展開をはじめ、21世紀になるとうま味文化に縁がなかった欧米にも醬油文化が根付いていくことになる。

とりわけ最近はアメリカで醬油カルチャーが盛り上がっている。現地で醬油製造をしている知人に聞くところによると、オーガニック食や菜食主義が市民権を得るのと並行して、原料にこだわった現地生産のクラフト醬油が高価な値付けで売れるようになってきたそうだ。健康食の流れとはまた別に、アメリカの都心部で流行《はや》り始めたラーメン屋の影響でも醤油に注目が集まっている。僕も折々にアメリカの食の専門家たちと国際会議やイベントで一緒に議論をするのだが、最近ではアメリカの食通のあいだでは醤油はSOY SAUCEではなくSHOYUで通じるようになっている。江戸時代のグローバル醤油がまた再興してきているのだ。

日本のはじまり。イザナミとイザナギが「こをろこをろ」と海水を結晶化させて塩に変えた。しかしせっかく結晶化した塩は、穀物と麴に溶かされて液体に戻ってしまった。しかしその塩の液体にはあまねく人類を魅了するうま味が詰まっていた。やがてそのうま味が詰まった液体は海を渡り、日本の味覚を異なる文化圏に運ぶ役割を担うようになった。

同じうま味調味料の味噌と比べて、大がかりな設備と人手を必要とする醤油はローカルではなくグローバルを目指すように運命づけられていた。そこに過剰な肉食を反省し、植物性食材を中心に据えた食文化への再編成を目指す先進国の意向がシンクロしつつある。人間は草食に近づけば近づくほど「いかに塩分を摂取するか」が死活問題となる。しかも豊かな食生活に慣れてしまった現代人は「おいしく」塩分を摂取しないと満足できない。かつて、中世日本の寺院で起こった「草食うま味革命」が今度は21世紀の地球全体で起こるのかもしれませんぞ……！

第三章

味噌

愛憎渦巻くトレンディ味噌ドラマ

二月ばかり、味噌《みそ》を人がりやるとて
花に逢へばみぞつゆばかり惜しからぬ
飽かで春にもかはりにしかば

平安中期の歌人、和泉式部《いずみしきぶ》の詠んだ歌に味噌が登場する。早春[*30]のある日、和泉式部のもとに「味噌を貸してほしい」と使いがくる。愛《いと》しのあの人にならば、大事な味噌のようにこの身もあげて惜しくないのに、それも叶《かな》わずまた春が来てしまった……（ていうか好きでもないヤツに味噌貸したくねえよ）と、「味噌」と「（我が）身ぞ」がかかっている。上流階級のメンズにモテモテだった和泉式部にふさわしい一首ではないか。

前章にも登場した『延喜式』によると、味噌は宮仕えに現物支給されていた高価な食材であったそうな。ここで詠まれた味噌の貸し借りは、裕福な上流貴族間のことなので当然食べ物の困りごとではないわけで。「味噌の味がわかるアナタとワタシでお近づきになりませんか？」というデートのお誘いに近いものなのだ。トレンディ〜！

近世以降に確立していったマス文化である醤油《しょうゆ》。対して味噌は、古代から日本の食文化

＊30　旧暦の2月は現代の3〜4月に

にローカルに根付いていったクラフト文化だ。仏教伝来とともに貴族や僧侶《そうりょ》に愛され、やがて武士や庶民のあいだに普及していった。大工場で生産されるようになったのは昭和以降のことで、その歴史のほとんどを小規模な手づくり文化の枠として生きてきた。マスプロダクトとして標準化されなかったゆえに、21世紀の今でも地域による多様性をキープしている、日本の食の記憶を強く宿した食材なのだ。

全国あちこちを歩き回っていると、実に多彩な味噌文化に出会うことができる。しょっぱい味噌、甘い味噌、酸っぱい味噌、苦い味噌にチーズのようにかぐわしい味噌……。味噌を通して見ると、その土地、時代、コミュニティの暮らしぶりをイメージすることができる。そう。味噌は時代と文化によって編まれた「記憶の方舟《はこぶね》」なのである。

和泉式部の歌のようにアナタとワタシで「味噌が合う」というのは、好きな音楽を聴いてきた、流行《はや》りのファッションを共有してきたような懐かしいフィーリングなのだね。

味噌汁のグッドデザイン

僕にとって、味噌は食のことに興味を持つきっかけになった特別な存在。20代半ば、駆け出しデザイナーの頃に毎晩遅くまで仕事と遊びに精を出していたら、アトピーや喘息《ぜんそく》など幼少時の虚弱体質がぶり返してボロボロに。とりわけ朝がひどく、目を覚ましてから1時間くらい血圧が低すぎて寝床から起きあがれない。そんな時期に朝ご飯に味噌汁を食べる習慣がついた。それまではパンとコーヒーなどで済ませていたのだが、血の通わない手足がワナワナと震えてしまう。味噌汁は飲むそばから冷たく強《こわ》ばった体が温まっていく。刺激が少なくお腹に染み入っていくような感覚が、弱りきっていた僕にはありがたかった。

思っていたよりつくるのが簡単だったのもポイント高い。だし取りは煮干しなら水から入れっぱなしでいいし、沖縄の即席味噌汁のカチュー湯スタイルなら、汁椀《しるわん》の底に鰹節《かつお》と味噌を入れてお湯を注ぐだけでいい。うま味の深い味噌ならだしさえいらない。体調が良い日なら、だしを取ってじゃがいもや人参《にんじん》やキノコを煮込んで具だくさんの味噌汁、起き上がるのにやっとならカチュー湯に豆腐を入れた簡便なものでとりあえず身体を温める。毎朝、体調や冷蔵庫にある食材と相談しながら味噌汁をつくる。味噌汁を通して自分の身体と対話しているようで面白かった。当時、僕は色んな国のルームメイトと住んでいたので、余分につくった味噌汁を彼らに振る舞って、

「味噌汁って、あんがい美味《おい》しいもんだねえ」

とぼんやり朝日を浴びていたのも懐かしい。僕たちはその前の晩、クラブで夜遊びし倒して二日酔い。迎え酒ならぬ迎え味噌汁の至福の味を知ったのも20代の良い思い出だ。

発酵の仕事をしていると「子供の頃からさぞかし味噌汁や漬物に慣れ親しんでいたんですね」と思われがちだが、僕の場合はその逆。保険代理店を営む僕の母親は猛烈な仕事人

間で、家事を丁寧にする時間はなく、かつ料理のセンスが若干（というかだいぶ）個性的で、よくある「おふくろの味噌汁の味」には良い思い出はなかったりする。味噌汁はどんなに手抜きしてもそれなりに美味しいはずだが、僕の母のつくる味噌汁は「どうしたらこんな奇天烈《きてれつ》な味をデザインできるのか？」とむしろ感心してしまうほど。中でも覚えているのがナスの味噌汁で、汁の色が全面紫色になるほどナスを大量に入れ、味噌は健康を気にして減塩。しかも顆粒《かりゅう》だしを考えなしに入れすぎて、ナスのふにふにした食感と過剰なうま味が取っ組み合いのケンカを始め、ケンカをいさめるはずの塩味の存在感も皆無！母なりの工夫とサービス精神がことごとく裏目に出てしまった、評価が難しい味だった。

大人になって外食するようになると、定食屋さんの付け合せの味噌汁がこれまた美味しくない。一度つくった味噌汁を何度も沸かしなおすので、味噌のうま味が焦げて苦くなってしまい、エグいような酸っぱさが際立ってしまう。苦くて酸っぱい、一汁三菜の体《てい》をなすためだけの付け合せ。母の個性的すぎる味噌汁と、定食屋さんのオマケ的な味噌汁のダブルパンチによって形成された僕の味噌汁へのニガテ意識は、社会人になって出会った、山梨の老舗《しにせ》味噌屋のお母さんの振る舞ってくれた味噌汁で払拭《ふっしょく》されることになった。じゃがいもとワカメのシンプルな具材に、麦と米の麹《こうじ》で仕立てた優しい味の味噌汁。ほかほかと立ち上る湯気を見ただけで「絶対おいしい！」というオーラが放たれていた。これがきっかけとなって、毎朝体調にあわせてマイ味噌汁をつくり続ける中で、味噌への愛着と興味が育《はぐく》まれていた。

考えてみれば、味噌汁は合理性と多様性を兼ね備えた、なんと卓越したデザインなのだろう。基本はだし汁に味噌を溶き入れるだけ。具材も豆腐でもネギでも大根でもカブでもトマトでもししとうでもキノコでも魚でも肉でも、たいがい美味しい。豆腐とネギだけのシンプル構成でも具だくさんでも美味しい。味噌やだしの種類を変えることによって、ベースの味も無限の組合せを生み出すことができる。しかもフルセットの手間をかけても10分そこらでできてしまう。カチュー湯なら30秒だ。ファストなのに奥深く、バリエーションも多様で飲み飽きない。

僕がかつてヨーロッパに住んでいた時に驚いたのが、スープのつくり方だ。大量の野菜や油、肉や骨を鍋《なべ》に入れて何時間もかけてドロドロに煮込んでいく。パンに染み込ませて食べるのに最適化されたデザイン。対してあっという間にできてしまう、水っぽい味噌汁。甘味とうま味、酸味や塩味が軽やかにバランスし、モチモチの炊きたてご飯に合わせるのにピッタリだ。スープ＋パンのどっしりコンビに対して、味噌汁＋ご飯のサラサラコンビはまるで水を食べているよう。油も動物性たんぱく質もない味噌汁が成立するのは、ヨーロッパ式とは別の方法論でうま味を閉じ込めた発酵調味料、味噌のおかげだ（この話の続きは「だし」の章で）。調理自体に時間がかからないのは、味噌に閉じ込められた時間の層がお湯に溶け出して深みになるからなのだ。味噌汁を飲むということは、第一に自分の毎日の気分や体調と向かい合うこと。第二に味噌をつくる醸造蔵で蓄積された長い時の流れの水を、自分の体に流していくということだ。

和食に欠かせない料理ベスト3に入るであろう味噌汁。日本人に馴染《なじ》み深いこの即席スープは、実は世界的にレアなレシピでもある。韓国風の味噌を使ったテンジャンチゲのように、発酵調味料をベースにした鍋料理がお隣の韓国や中国にはあるのだが、これらは①調味料を入れたまま長く煮込む、②スープよりも具材をメインにしている、③メインのおかずであるという点が味噌汁とは違っている。主菜とは別に、3食毎に必ずついてくる味噌汁。これに相当するのは韓国ではテンジャンチゲではなくワカメのスープだが、ここに入るのは味噌ではなく醤油なので味噌汁というよりもお吸い物に近い。

なぜ日本で特異的に味噌汁が普及したのか。その理由は、大陸の異なる製法の麴《こうじ》が日本で化学反応を起こしたことにある。なぜそんなことが起こったのか？　発酵調味料の成立のアウトラインを見ていきたい。

醤から味噌へ

味噌の起源は前章で取り上げた中国の醤《ジャン》であろうと言われている。紀元前5世紀頃に成立したとされる孔子《こうし》の『論語』のなかに「不得其醬不食（醤できちんと味付けしていないものは食べないように）」という記述がある。庖丁《ほうてい》や伊尹《いいん》のように、古代中国の聖人は食にうるさいようだ。論語を読むかぎり当時の醤のレシピは不明だが、中国の湖南《こなん》省で、紀元前158年のものとされる豆醤が発掘されている。液体状の醤油だったら発掘はされないので、醤のルーツは固形調味料であったことになる。古代のアジア食を調べる人なら必ず通る、紀元6世紀頃に成立した中国最古の農学書『斉民要術』には、黒豆を使った豆醤のレシピの詳細がある。これは今でいうところの豆豉《トウチ》とだいたい同じ。蒸煮した大豆にカビをつけて麹にし、そこに塩を加えて発酵・熟成させる。できあがるのは、真っ黒な大豆の塩辛のようなものだ。中国には古代から獣肉を使った醤や、竹や薬草などを使った醤もあるのだが、これは日本ではポピュラーにはならず、豆醤が普及していった。

日本で最初に醤のような発酵調味料の記録が見られるのは、8世紀初頭の奈良時代。701年発布の『大宝律令』*31に、調味料を司《つかさど》る「主醤《ひしおつかさ》」という役職名が記述されている。この頃の日本はとにかく中国に倣え！　だったので、孔子の「調味料は大事やで」の言い付けを意識していたのだろうか。奈良の唐招提寺《とうしょうだいじ》を訪れた時に、日本仏教の基礎を築いた鑑真和上《がんじんわじょう》が味噌を持ち込んでいたことを知った。鑑真和上が日本にたどり着いたのは8世紀中盤なので、奈良時代に味噌の原型である醤が伝わっていたのは間違いないようだ。この時期の味噌（的なもの）は「醤」とあるので、レシピも中国流の「大豆の塩辛」スタイルの醤だったのだろう。この大豆の塩辛は、京都の禅寺（大徳寺《だいとくじ》や一休寺《いっきゅうじ》）の境内でいまだにつくられていて「寺納豆」と呼ばれている。味噌の原型のはずなのになぜか「納豆」と呼ばれているのが面白い。一休寺にその起源を聞いてみたところ、「応仁の乱で焼き出された難民のための滋養強壮の食として役立った」との言い伝えが残っているそうだ。黎《れい》明《めい》期の味噌は、今のようにお湯で溶いて飲むものではなく、薬のカプセルのようなもの

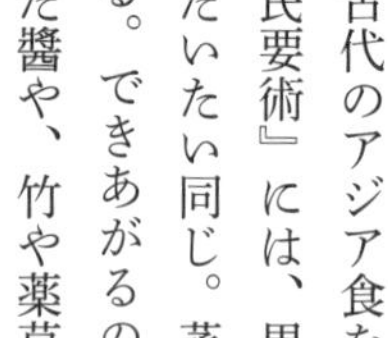
木曽の味噌玉。カビでモサモサ

＊31　中国に倣って日本を律令国家にするための法典集

だったのだ。和尚さんが戦場でぐったり倒れている人を起こして、

「しっかりしろ！　この豆を食べれば大丈夫だ！」

と豆醤を食べさせる光景、まるでドラゴンボールの「仙豆[*32]」のようではないか。

豆豉由来の黎明期の味噌は、愛知県岡崎《おかざき》の八丁《はっちょう》味噌をはじめとする、大豆のみで醸す豆味噌[*33]にその原型を留《とど》めている。この豆味噌、あまり味噌汁には向いていない。いや、こんなこと言うと東海の民が激怒するので「味噌汁に向いていない味の要素がある」と表現しておこう。熟成が長く、かつ米や麦などの穀物が入っていないため甘味やうま味の弱い豆味噌を味噌汁にすると、苦味やえぐ味が強調される。この苦味やえぐ味は日本人が比較的ニガテとする味だ。熟成が長いので栄養分が酸化しているのだが、そのかわり、どっしりとしたコクがある。豆味噌は、味噌煮込みうどんのように、炭水化物や野菜と一緒にグツグツ煮込む「鍋料理」に向いている。中国の豆豉や韓国のテンジャン、東海の豆味噌など大陸型の味噌は、最初から味の酸化が進んでいるので、長時間沸騰させても味が崩れないからだ。大陸で生まれた味噌は、大豆の熟成を限界まで推し進め、酵素の作用と酸化の作用が行き着くところまで行った「発酵の終着駅」にいる。このコンセプトの味噌では日本的な味噌汁は生まれなかっただろう。

*32　鳥山明の漫画『ドラゴンボール』に登場する架空の豆。そら豆に似た形で、アニメでは緑色。非常に高い回復作用を持つ

*33　ちなみに豆味噌で味噌汁をつくる場合は、さっぱり味の米味噌をブレンドすることが多い。豆味噌だけでつくる味噌汁はスープカレーっぽくて味噌汁とは別種の味わいがあるが、僕は毎日は食べられないかも。東海の民よ、すまない……

麹とともに味噌も日本化

日本独自の味噌汁が生まれるためには、日本独自の味噌の成立を待たねばならない。ヒントは、和歌山県湯浅の金山寺《きんざんじ》味噌というローカル発酵食品にある。この味噌は豆豉型とは全く別種のものだ。違いは「麹に穀物を使う」ことだ。金山寺味噌では、大豆に加え米や大麦などの穀物にコウジカビをつけたブレンド麹をつくる。そこに塩とナスやきゅうりなどの刻んだ夏野菜を加えてしばらく漬け込む。すると味噌と漬物の中間のような「おかず味噌」ができあがる。前章で取り上げた「草醤」と「穀醤」のミックススタイルだ。

この金山寺味噌。ご飯のおともやお茶請けに食べるのが基本なのだが、お湯で溶いて味噌汁にしてみてもけっこう美味しい。豆味噌よりも圧倒的に軽やかな甘味とうま味があり、格段に「味噌汁っぽい」のだ。金山寺味噌は、鎌倉時代、13世紀中盤に中国（宋）から日本に伝わったとされる。法燈国師《ほうとうこくし》が浙江《せっこう》省の有力禅寺、径山《きんざん》寺に留学に行き、そこでこのおかず味噌のレシピを習ったそうだ。禅宗では料理するのも修行のうちなので、寺のキッチンで下積みしていたのかもしれない。

さて。地図を開いて径山寺のある杭州《こうしゅう》を見てみよう。豆豉型の豆味噌の土地である朝鮮半島や北中国（北京《ペキン》や天津《てんしん》）、古代の都である西安《せいあん》よりもかなり南に位置している。13世紀というと、南宋の時代、径山寺のある杭州付近は首都として栄えていた。だから留学の地として選ばれたのだろう。この浙江省、緯度としては奄美大島と同じくらいの暖かく湿潤な土地で、米をはじめ穀物がよく実る。そこで穀物にカビ付けする文化ができたのだろう。北の「豆の麹」と、南の「穀物の麹」。日本には古代から中世にかけて、2つの味噌のルーツが近畿地方に入ってきたようだ。北の麹は苦味とコクがあり、南の麹は甘味とうま味が強い。以降の日本の歴史のなかで、この2つは融合して日本独自の味噌に発展していったというのが僕の意見である。穀物で麹をつくり（南スタイル）、蒸煮した大豆とあわせて発酵させる（北スタイル）「2ステップ発酵方式」により、コクと酸味とうま味と甘味を調和させ、日本人のニガテな苦味を排除した味噌が生まれた。長江の北と南の異なる麹の化学反応が、極東の日本のソウルフード、味噌汁を生んだのだ。

鎌倉時代を経て、室町後期には戦国時代がやってくる。実はこの「戦乱の時期」が味噌が国民食として裾野《すその》を広げた時代だ。例えば僕の味噌汁愛の扉を開いた山梨のお味噌。スタンダードな味噌と違い、米と麦の麹をブレンドした「甲州《こうしゅう》味噌」として知られている。このユニークな味噌は、戦国の雄、武田《たけだ》信玄《しんげん》が誕生に関わったのでは……？　と言われている。数万の武士たちが西へ東へと大移動する戦国時代、兵糧として味噌が重用された。武士たちは腰に球状に固めた味噌をぶらさげて、戦の前に戦陣で味噌汁をこしらえた。軍で用意した兵糧とは別に、現地でゲットした草や鳥を具材にして入れることもあったらしい。なんとワイルド……！　現地でインスタントに食事をつくれる味噌は、戦に欠かせないものだったのだ。その重要性を見抜いた武田信玄は、味噌の大増産に乗り出す。しかし！　山梨は山だらけで田んぼの面積が確保できない。そこで限られた田んぼで、暖かい時期に米、寒い時期に大麦を育てる二毛作を採用。その2つをどちらも麹とし、山国のビハインドを覆して味噌の大量生産に成功したそうな。

前述の東海の豆味噌も、徳川家康《とくがわいえやす》が熱狂的に好きだったものだ。自身のお膝元《ひざもと》の岡崎の味噌蔵を庇護《ひご》し、その味噌蔵があった八丁地区が由来となって愛知名物「八丁味噌」が生まれた。かの有名な三方ヶ原《みかたがはら》の戦い。*34 武田軍と徳川軍が向かい合う。前夜、お互いの戦陣からは甲州味噌と八丁味噌の全然違う味噌汁の香りが漂っていたのかもしれない。

武田軍「あんな苦い味噌汁飲んでるヤツらに負けられねえ……!」
徳川軍「味噌に穀物を二種類も入れるだと……? 成敗してくれる……!」

と闘志を燃やしていたりして。

味噌の種類と製法

南北に細長く、山あり谷ありの日本列島。中国・韓国から入ってきた醤が土地ごとの気候風土に合わせて、様々なバリエーションの味噌に変異していった。味噌の成り立ちに続いて、味噌の種類と特徴について解説しようではないか。

■原料による違い

*34 静岡県浜松市三方原町あたりで起こった会戦。武田軍の圧勝で終わった

日本で消費されている味噌の7割以上は、米の麹で醸した米味噌だ。長野の信州《しんしゅう》味噌や宮城の仙台《せんだい》味噌が有名ブランドの、東日本の王道。対して九州以南、瀬戸内エリアで好まれているのが麦の麹で醸した麦味噌。そして東海の一部で熱狂的に愛される、豆醤由来の豆味噌。愛知県岡崎の八丁味噌がフラッグシップだ。この3つをいくつかの視点で比較してみよう。まずは熟成。暖かい地方でつくられる麦味噌は発酵が高速で進むので熟成は3〜6ヶ月程度で短め。東北はじめ寒い地方でつくられる米味噌は半年〜1年ほど長めに熟成させる。冬に仕込み、夏を越してから食べる「寒仕込み」が基本とされる。最も熟成が長いのが豆味噌で2年以上熟成が標準。熟成が進むほど、味噌のなかのアミノ酸や糖分がゆっくり焦げる（これをメイラード反応という）ことで色が濃くなっていく。豆味噌は極限までメイラード反応が進んでいるので真っ黒、水分が抜けてカピカピになっているのでお湯で溶くのが大変だ。具材と一緒に煮込みながら溶かしていくのに向いている。

■味の特性

次に味で比較。麦味噌は発酵期間が短いので乳酸菌や酵母の発酵も弱く、麹由来の甘味やうま味が強い。そのかわり熟成のもたらすコクはそこまで深くない。米味噌は発酵期間が長いので、麹のつくった甘味を乳酸菌や酵母が食べて、酸味（乳酸菌由来）やかぐわしい香り（酵母由来）が強くなる。そのかわり甘味が弱くなる（他の発酵菌が食べてしまうので）。熟成によるコクもあるので、色んな要素がコンプリートされている味と言えるだろう。豆味噌は発酵と熟成が最も長いので、とにかくコクがスゴい。そして穀物を使っていないので、そもそも甘味が少ない。乳酸発酵感がシャープで、長期の酸化や酵素反応による苦味やえぐ味が他の味噌にない特徴で、これが好き嫌いの分かれるポイントになる。

■原料のバランス

最後にちょっとマニアックだが、原料のバランスも見てみよう。味噌の味のバランスは、大豆と麹と塩のバランスで決まる。標準は信州タイプの米味噌で、大豆1：麹1：塩が全体の12〜13％。対して麦味噌は、大豆に対して麹の量が多く（1・5〜2倍）、塩がやや少ない（10％前後）。麹の量が多いと栄養分を分解する酵素の量が多いので発酵のスピードが速くなる。熟成の長い米味噌と短い麦味噌。実は原料も発酵・熟成の長短にあわせてデザインされていたりする。ちなみに豆味噌は原料となる大豆をまるごと麹にしてしまうので100％麹だが、発酵のスピードが遅いので長く発酵・熟成させる必要がある。

以上が日本における三大味噌の特徴だ。ちなみに近年また盛り上がっている手前みそづくり。定番は「米味噌」の「寒仕込み」。なので夏に味噌はつくれない！　と思っている人が多いのだが、麦味噌スタイルなら夏に仕込んでも全然ＯＫ。高温で発酵が超高速で進むので秋になったらいい具合に仕上がってしまうから、せっかちな人は夏の手前みそに挑戦してみるのもいいかもしれない。

■地域におけるバリエーション

この三大カテゴリー以外にも様々な味噌がある。筆頭はどのスーパーにも必ず置いてある「白味噌」。これは米味噌の応用編。標準の米味噌よりも麹の量を3倍くらい増やし、塩を半分以下にして高温で発酵させる。すると数日～2週間で甘くてさっぱりした味噌ができあがる。要は甘酒的な方法論で発酵させた味噌だ。京都や大阪の上方料理の文化では、料理に色がつかないようにする美学がある。白味噌はこの上方料理のニーズを満たすためにつくられているのだね。「合わせ味噌」も比較的よく見かける。米と麦の麹を混合して仕込むもので、山梨の甲州味噌や沖縄の味噌が代表例。米を使うが稲作自体はそこまで向いていない地域で発達した。米と麦のいいとこ取りで、本来はトレードオフになる酸味と甘味のバランスが良い万能味噌だ。愛媛県宇和島《うわじま》では、麦麹に塩を入れて発酵させる、大豆を使わない麦味噌の変形種をつくっている。レモンのような爽《さわ》やかな酸味が特徴で、大豆を使わないことで軽やかな甘味とうま味がある。魚を入れた漁師スタイルの味噌汁に相性最高だ。

■ディープな個性派味噌

それでは、さらにディープな特殊味噌を見ていこう。奄美諸島には、本来食用には適さないソテツを麹にする味噌がある。鮮やかなピンク色の実を割って、空気にさらした後に水で洗い実の中の中毒成分を抜く。そこにコウジカビをつけてソテツ麹にして麦や大豆と合わせて味噌にしてしまう、なかなかハードコアな発酵ブツだ。さぞ味もハードコアなのだろう……と思いきや、味噌汁にしてみると意外にアッサリした普通の麦味噌風。豚の挽《ひき》肉《にく》などとあわせておかず味噌にして食べるのが地元流だ。長野の木曽《きそ》〜松本《まつもと》の山間地に伝わる「味噌玉」と呼ばれるチーズ味噌もなかなかスゴい。いくつかある味噌玉製法の蔵のなかでも、長野県木曽町に伝わる味噌は衝撃的だ。蒸煮した大豆をアマゾンエコースタジオ[*35]ぐらいの大きさの円筒形にし、蔵のなかに置いておく。すると大豆の表面に白いケカビがびっしりと生え、カマンベールチーズのような、ふさふさ毛並みのペルシャ猫のようなアマゾンエコーになってしまう。この白カビが内部に雑菌を通さないボディーガードの役割を果たし、大豆の中ではクロストリジウム属を始めとする特殊な細菌群が繁殖し、ウォッシュチーズのような風味をつくりだす。この時に、〝ペルシャ猫アマゾンエコー〟の中から、菌のつくる泡が涙のようにポトポトと滲《にじ》み出てくる（と書いている僕ですら妄想だと思ってしまうが本当なんだよ。事実は小説よりも奇なり）。この〝涙ポトポトペルシャ猫アマゾンエコー〟を数週間ほど発酵させると、かぐわしい大豆チーズになる。ここに米麹と塩をあわせて味噌にするという、世界各地の味噌的なものを調査して回っている僕をして「世界三大ストレンジ味噌」の一角に推したいユニークすぎる発酵ブツである。香りはかなり熟成したウォッシュチーズのよう。味噌汁として熱を加えると激烈な刺激臭が花開いて空間を支配する。山深い木曽は稲作に向かず、かつ海が遠く塩の入手が困難だった。そこで米麹と塩を節約するために、野生のケカビと特殊な細菌による発酵作用に

＊35　アマゾンのスマートスピーカー。直径約18㎝、高さ約20㎝程の円筒形タイプの形状

よって調味料としてのコクと保存性をもたせる発想に至ったのだろう（地元の醸造家に聞くと、昔の味噌玉製法は麹や塩の量が少なかったという）。味噌汁用の味噌としては、豆味噌よりもさらに「？」な風味だが、木曽の民宿で手作りのどぶろくにこの味噌を混ぜてイノシシ肉を入れた鍋を振る舞ってもらった時は激しく感動した。クセ×クセ×クセの3乗ハイパーワイルド風味のインパクトたるや……！

■大陸の豆醤の末裔《まつえい》

最後に味噌の起源である「豆醤」の知られざる末裔を紹介しよう。徳島県阿波《あわ》市の「ねさし味噌」。これは大豆だけでつくる味噌玉だ。蒸煮した後に円盤状に成形した大豆にびっしりとケカビを生やす。そして大豆チーズになったらそこに塩と水を加えてそのまま味噌にしてしまう。「コウジカビをつける」プロセスすら省略した、限りなくワイルドな味噌で韓国のメジュ（発酵調味料のスターター）のようだ。豆味噌をチーズ化したような摩訶《まか》不思議な味わいに脳みそがバグる。岐阜県長良《ながら》川流域の郡上《ぐじょう》地域には「郡上味噌」という、これまたカテゴライズ不能のミステリアスな味噌がある。蒸煮した大豆を潰《つぶ》さず粒のまま、はったい粉（はだか麦を煎《い》って挽いた粉）をはたいてコウジカビをつけて麹にし、塩水と混ぜて粒のまま発酵させていく。大豆を潰さず、麦の粉をはたくのは豆豉と同様だが、豆豉と比べると水分がやたらに多い。数ヶ月～1年ほど熟成させると豆の粒が溶けてネロネロの醤油と味噌の中間のようなペーストができる。桶《おけ》に鼻を突っ込んでみると、豆味噌の香りの他に……あれ、納豆っぽい臭いもするぞ？　なぜ？　と味噌をつくっているお母さんに聞いてみたところ、麹をつくる時の温度にその理由がありそうだ。大豆麹はカビの増殖が進むとすぐに温度が上がってしまうので、気をつけて温度を35℃前後まで抑えつけないといけない。なのだが郡上では比較的温度管理がおおらかで、40℃以上に上がってしまってもそこまで気にしない。納豆菌は40℃以上の高温状態でよく働くので、やや納豆感のある麹ができてしまう可能性がある。

このようにして、ほんのり納豆フレーバーの香る、ネロネロのうま味ペーストができあがる。醬油と味噌と納豆が不可分の郡上味噌、その使いかたもユニークだ。土鍋にネロネロペーストをドバッと入れ、そこに酸っぱくなりすぎた白菜やカブの古漬けや豆腐などを入れてグツグツ煮込み、カレーのようにご飯にかけて食べる。郡上のお母さんたちは「味噌煮」と呼んで日常の定番食にしている。この味噌煮、食べ終わっても鍋を洗うことなく、次の食事になったらまた味噌と漬物を足して食べ継ぎし、何度も継いでドロドロになってきたら素麺《そうめん》を投入して〆《しめ》の麺として食べるという恐るべき「ズボラ飯」なのである。郡上味噌も大陸の系譜である「発酵の終着駅」的スペックなので、繰り返し煮込み直してもへこたれない、継ぎ足しするごとにキメラ的に風味が増殖していく山村に潜むモンスター味噌だ。日本をくまなく歩いていると、固定観念を破壊するアブナい発酵ブツに出会ってしまう。こうして人（というか僕）は発酵沼の深淵《しんえん》を覗《のぞ》き込むことになるのだ。

味噌はローカリティの鏡

熟成の浅い沖縄の合わせ味噌をお湯に溶いて飲む、フレッシュでファストなカチュー湯。対して何日もグツグツ煮込んで継ぎ足し続ける、ヘヴィウェイトな郡上の味噌煮。このように日本には多様な味噌汁のバリエーションがある。味噌汁は個人の嗜好《しこう》はもちろん、その土地の暮らしの原風景を見せてくれる。昆布やシイタケの植物性だしをたっぷり使った白味噌仕立ての汁は、塩気に頼らない上方料理の洗練された都会的美意識の結晶。チーズ風味の味噌にどぶろくで煮出してイノシシ肉を食べる木曽の味噌玉仕立ての汁は、山のワイルドライフの愉快さを感じさせてくれる。寒い冬には、岩手のひきわり納豆を入れた味噌汁で身体を温め、暑い夏には、宮崎の挽いたゴマやいりこをブレンドした味噌を水に溶いた「冷や汁」でさっぱりと栄養補給する。毎朝の一杯の味噌汁は、暮らしの知恵、味の美意識、土地の特性、微生物の生態系などなど、数えきれない要素が結晶化した豊穣《ほうじょう》のスープなのだ。味噌はその土地のローカリティを映し出す鏡であり、音楽や映画のように人の好みを測るモノサシでもある。

気になるあの人に「一緒にワタシの味噌汁飲みませんか？」とお誘いしてみたらどうだろう？　一緒に味噌汁を飲んだら、距離がぐっと縮まるかも知れない。そうしたら、二人の春はもうすぐだ。武田軍と徳川軍のように対立しないことを祈る……！

塩と醤油・味噌の章の参考文献

Column

「塩と醤油」の章と「味噌」の章は連続した内容。醤油の変遷を見てから味噌を掘り下げると、日本の調味料文化の発展がよく理解できます。同じルーツであっても、醤油はグローバル、味噌はローカルの文化なんですね。

●醤油　ものと人間の文化史：吉田元《よしだはじめ》

醤油の醸造学的・歴史的アウトラインがわかる必携の一冊。日本だけでなく東アジア全般の醤《ひしお》文化にも配慮しているので、醤油に限らずうま味調味料の系譜が押さえられます。

●日本の味　醤油の歴史　歴史文化ライブラリー

醤油の主要産地の成立と、グローバルプロダクトへの飛躍の詳細が書かれたユニークな内容。なぜ日本でこれほどまでに醤油が重要な産業になったかを立体的に理解できるはず。

●味噌大全：渡邊敦光《わたなべひろみつ》監修

味噌の歴史、製法、バリエーション、レシピ、健康機能など味噌に関する情報がこれでもか！　と詰まった一冊。２０１８年出版なので新しい情報もカバーされています。

僕を発酵の道に導いてくれた、発酵博士、小《こ》泉武夫《いずみたけお》先生の『醤油・味噌・酢はすごい』『発酵食品礼賛』なども一読あれ。

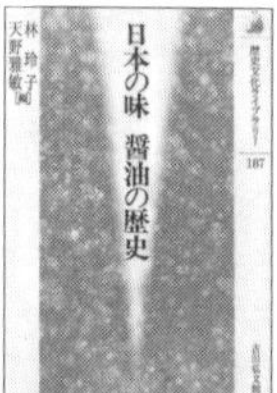

第四章

だし

海が運んだうま味の多様性

昆布《こぶ》召せ　昆布召せ　お昆布召せ
若狭《わかさ》の小浜《おばま》の　召しの昆布
♪つれてんつれてん　てれてれてん♫

都をひとりフラリと抜け出した大名さま。お供が欲しいと、通りすがりの昆布売りを家来にするため自身の刀を無理やりもたせる。突然の無礼に怒り出した昆布売り、刀を抜いて「昆布を買え！」と大名を脅す。

狂言の古典演目『昆布売《こぶうり》』＊36は、大名さまと町人の立場が逆転してしまうコメディだ。♪昆布召せ昆布召せ〜とリズムを変えて繰り返されるノリノリの節がじつに楽しい。

さてこの愉快な『昆布売』。食文化の背景を併せて観てみると、この強すぎる昆布売りおじさんのワケありなルーツが見えてくるのだ。

＊36　最古の狂言台本『天正狂言本』（1578年）にも登場する

昆布ロードと北前船

通りがかりの昆布売りのおじさんは、なぜ大名に（文字通り）刃向かうことができたのか？　それは、昆布が莫大《ばくだい》な富を生む商品だったため、昆布ビジネスに関わる者は全国の有力藩や、時には海外の貿易商と熾烈《しれつ》な交渉を繰り広げながら昆布を売りさばいていたハードコアなビジネスパーソンだったのだ。

そして次なるポイント。節のなかで「若狭の小浜」と歌われる、福井県南部の日本海沿いの港は「昆布ビジネスの中心地」。昆布の生産地とその消費地である京都のハブになっている小浜・敦賀《つるが》は海外の海賊すら怯《ひる》まずに「昆布召せ」と商品を売りつける剛の者が集うハードボイルドな港町なのである。現代人の僕たちが「昆布売り」と聞くと、落語に出てきそうな気弱でうっかり者の町人を思い浮かべるが、実際はゴルゴ13みたいな屈強なタフガイである可能性が高い。大名よ、おぬし喧嘩《けんか》を売る相手をなぜ間違えたのじゃ……？

小浜や敦賀など福井南部の港は、中世〜近世において日本屈指の貿易の要所だった。「塩と醤油《しょうゆ》」の章で登場した日本の西側をダイナミックに行き来した「北前船」のルートのなかでも最重要の停泊地だったのだね。この頃の物流を掘り下げて考えてみると、今のようにトラックも貨物列車もないので、モノを効率的に運ぶには水運がいい。より抽象的に考えてみると、人間や馬のような「生物の筋肉による力」を動力にするよりも、潮の流れという「地球の物理による力」を動力にしたほうがいい。お腹がへってご飯食べたり疲れて寝たりする生物と違って、地球の動力は無尽蔵だからね。

さて。海賊たちが群雄割拠してエリアごとに分割されていた中世の海運は、豊臣《とよとみ》・徳川の全国統一により国家レベルで再設計されることになる。まず戦略的に開拓されたのが、北海道から京都をつなぐ日本海ルートである。本州《ほんしゅう》ではとれない物産や鉱物資源の貿易を本格的に行うために、南北海道に松前《まつまえ》という外様大名を置き、そこを拠点に金やニシンなど、日本経済のパラダイムを変えていく資源が流通していく。余談だが北海道を舞台にアイヌと日露戦争で生き延びた陸軍師団との抗争を描いた漫画『ゴールデンカムイ』での争いのきっかけは北海道に眠る金塊だ。近代日本が膨張していく原動力となったのは、北海道の資源があったたゆえ。そのきっかけが、北前船ルートの開拓だ。

北前船は貿易船とはいえ単なる「物流サービス」ではない。ヤマト運輸や佐川急便のように、荷物の配送を依頼するクライアントはいない。船主自身が商品を仕入れ、運搬し、売りさばく。売りさばいた場所でまた違う商品を仕入れ、次の土地に運び、売りさばき、仕入れ……を繰り返す。今のようにインターネットはおろか電話もテレビもラジオもない時代なので、ルート上にあるAの土地とBの土地では大きな情報格差があり、自分の土地でとれるモノの値段の相場が共有されない。そのギャップを利用して付加価値をつくりだすビジネスが北前船だ。そのビジネスモデルは、現代でいうところの「商社」に相当する。食品から日用雑貨、嗜《し》好《こう》品や建材まで実に様々なものが北前船で貿易された。街から地方へは付加価値のついた「加工品」が運ばれ、地方から街へは付加価値の材料となる「素材」が運ばれる。

この北前船貿易の黎明《れいめい》期のシンボルとなったのが、昆布である。具体的にその運搬経路を見てみよう。まず北海道南部の松前で昆布をまとめ、日本海を南下して若狭（福井県南部）の港まで運ぶ。そこで海路から陸路に荷替えして、昆布を馬などに積んで琵琶湖まで行く。そこでもう一回船に荷物を載せ、湖を渡って西の大津の港へ。そこからまたもや陸路に切り替えてえっちらおっちら京都まで。北海道南部（海運）→福井南部（陸運）→琵琶湖（水運）→京都（陸運）と何度も船と馬を切り替えて荷物を運んでいく。これが北前船黎明期の貿易ルートである。

「め……めんどくさすぎじゃない？」

いやほんとそうだよね。でも地図を開いてみてほしい。距離的には都への最短ルート、貴重な物産を京都まで運ぶにはいちばんの近道だったのだ。しかし運搬の効率性が落ちる陸運を二度も挟むために、重たいものを大量に運ぶことができない。

そこで、昆布！　軽くて高値で売れる魔法の商品。若狭の小浜の昆布召せ！

昆布ドリームと密貿易

なぜ昆布はそんなにも人気の商品になったのか。そこにもちゃんと由来がある。

和食には欠かせないだしの筆頭は、実は江戸時代以前から知られていた。平安時代の時点ですでに、蝦夷《えぞ》（東北以北をざっくり括《くく》った北国）から稀《まれ》に献上される珍しい海藻として『延喜式』にも登場する。この時代、昆布は神饌《しんせん》や皇族の宴席でのみ使われる超高級食材だった。この頃はだしというよりも現在の結び昆布（昆布をリボンのように結んで煮た料理）のように、それ自体を食べていた。だしとして使われるようになったのは、室町後期以降。豊臣秀吉《ひでよし》の命令で北海道の松前に貿易拠点が置かれてからのことだ。なお秀吉に松前の統治を託されたのは、若狭出身の武田信広である。

ここで昆布の特色を化学的に見ていこう。昆布にはグルタミン酸という強烈なうま味成分が豊富に含まれている。グルタミン酸と言えば、麹《こうじ》や納豆にも入っている日本人に馴染《なじ》み深い栄養分、もっといえば母乳にも含まれている全人類が抗《あらが》うことができない必須《ひっす》アミノ産である。そんなグルタミン酸のカタマリが、北前船貿易により、皇族でなくてもがんばれば手に入ってしまうようになった……となればそこにマーケットができるのは必然。魔術的なうま味が含まれ、乾燥して保存性が高く、軽くて高値で売れる。ほとんど札束のような昆布を取り扱うために、近江《おうみ》や日本海沿いの豪商たちは大金をはたいて貿易船をゲットし北前船ビジネスに参入していった。

地方に行くと、時折この北前船カルチャーについてアツく語る歴史おじさんに出会う。なぜ大昔の貿易船にそんなにロマンを感じるのだろうか……？　と調べてみると、歴史おじさんの神である司馬遼太郎《しばりょうたろう》の『菜の花の沖』という作品に行き当たる。実在した廻船《かいせん》問屋、高田屋嘉兵衛《たかだやかへえ》の生涯を描いた大作歴史小説だ。この作品を読むと（全六巻あって大変なのだが）、北前船がおじさんを惹《ひ》き付ける理由が理解できる。ここには「事業を起こすロマン」が詰まっている。リスクを背負って大きな帆船を買い、船員を雇い、未開の地を危険をかえりみず旅して、時には国境を接したロシアとの政治闘争に巻き込まれる。無事航海をサクセスさせれば、現在でいえば億単位の大儲《おおもう》け、失敗すれば身の破滅（保険もないし）。階層社会の近世日本において、生まれの貴賤《きせん》関係なく己の才覚ひとつで成り上がれるベンチャードリーム、それが北前船。島耕作《しまこうさく》とサラリーマン金太郎《きんたろう》を足して2で割らない立身出世大冒険だ。昭和のサラリーマンにとって血湧き肉躍るロマンの世界であったのだろう……。

ロマン溢《あふ》れる北前船商人の文化は現代でも健在である。福井県南部、敦賀港を拠点とする奥井海生堂《おくいかいせいどう》は幕末の動乱期に、武家から昆布ビジネスに転進した昆布問屋だ。代表の奥井隆《たかし》さんの著書『昆布と日本人』には、奥井家に伝わる幕末期の昆布を巡る驚きのエピソードが収められている。以下引用してみよう。

鎖国下にありながら、外様大名の薩摩藩は琉球王国とまず貿易を行い、その後、琉球王国と朝貢貿易《ちょうこうぼうえき》を行っていた清国（中国）と、いわゆる「抜荷」と呼ばれる密貿易を始めます。中国から求められたものが実は昆布でした。というのは内陸部に住む人々は慢性的にヨウ素が不足し、甲状腺の病気を患う人が大勢いて、ヨードやカリウム、カルシウムなどミネラル豊富な昆布が欲しかったのです。

（中略）歴史の表舞台には決して登場しないこの「昆布貿易」で、薩摩藩は藩財政のピンチを切り抜けるどころか、莫大な利益を得て、財政を立て直します。そして洋式の製造所を何ヶ所か建造しました。ガラス、陶磁器、紡績のほかに、火薬、弾丸、小銃、大砲などの武器も製造するに至ります。

昆布の国際密貿易によってゲットした武器で、薩摩《さつま》藩は幕末に世界最強のイギリス艦隊と戦い、さらにその後この武器は幕府を打倒するために使われた。当初は都の貴族たちの密《ひそ》かなお楽しみだった昆布が、封建社会を終わらせる火種になったのだ。

昆布の製法と種類

それではここで、そもそも昆布とは何なのかを説明していこう。

昆布とは、海辺に生える植物のなかの、Ｌａｍｉｎａｒｉａｃｅａｅ目に属する海藻の干物である。北海道の海岸で採れる細長い海藻を、海岸沿いの石場で半日ほど干す。こうして要約してみると簡単につくれそうに見えるが、実際はものすごく奥が深い。昆布は採ったその日に干さなければならないのだが、雨が降ると湿気にやられてダメになってしまう。雨が降らない日を見計らい、かつちょうどいい湿度になるよう注意しながら何度も裏返す必要がある。夏から秋にかけてのシーズンになると漁師は見張り小屋に泊まり込んで昼夜問わず、きめ細かく昆布を管理する。その後、室内に移して一定期間寝かせ、北陸や関西の昆布問屋のもとに出荷する。産地である北海道でのこの一連の作業は、映画『千年の一滴 だし しょうゆ』で美しい映像に記録されている。

■昆布のクオリティ

乾物屋さんに行くと、昆布の値段はピンキリ。関西や北陸の昆布専門店では、ビックリするぐらいの値段の昆布も置いてある。いったい何が昆布のクオリティの基準になっているのだろうか。第一は後述の産地によるブランド。第二に天然か養殖か。海の生態系が変わるなかで、安定して昆布を供給するために養殖技術が発達し、家庭で普段使いするぶんには問題ない品質のものが出回っている。ただし高級昆布の多くは今でも天然である。第三に昆布の個体ごとの質だ。生えたての一年目は味が薄く、しっかり根を張った二年目の夏〜秋頃の昆布が肉厚で美味《おい》しい。最後に加工のクオリティ。幅広で形のよい昆布をキレイにカットし、平たく均《なら》して折りたたんだものが高級なパッケージだ。廉価品は海に生えている波打った形のまま乾燥し、折りたたまず平べったい棒状で売っていることが多い。

■利尻《りしり》昆布

昆布には採れる場所によって主に4つのブランドがある。順を追って説明していこう。まず京都の料亭でよく使われる利尻昆布。前述の奥井海生堂が主に扱うのが利尻昆布だ。北海道最北端の稚内《わっかない》のさらに先にある利尻島・礼文島《れぶんとう》周辺で採れる質の良い昆布が、京都の高級料亭に送られる。実は利尻昆布は、繊維が硬く4つの有名ブランドのうち一番味が薄い。そのためだし取りに時間がかかるが、澄み切った色の上品な出し汁が取れる。料理に色が付くことを嫌い、淡味を好む京料理に相性ぴったりの昆布だ。

■真昆布

真昆布は大阪の料亭で好まれる高級昆布だ。北海道南部、函館《はこだて》から室蘭《むろらん》にかけての海岸で採れる。同じ関西系のブランドでも、利尻昆布よりも味が濃く、おだやかな甘みが特徴。繊維も硬めで、利尻よりはやや濃いものの上品な出し汁が取れる。京都では利尻昆布、大阪では真昆布とブランドが分かれたのには北前船のルートの違いがある。大阪に入る真昆布は、江戸時代初期以降に開拓された「第二期北前ルート」を通って運ばれる。北海道を出発し、敦賀や小浜などの福井県南部を通り過ぎ、そこから近畿や山陰《さんいん》の日本海を通って山口・下関《しものせき》を瀬戸内海に向かってターンし、大阪の堺港に辿《たど》り着くルートだ。琵琶湖経由の第一期ルートよりも距離は長いが、海運だけでゴールまで辿り着けるので江戸初期〜明治にかけての主要ルートになった。当然ルートが違うので取り扱う問屋の筋が違う。大阪には北海道から直接昆布を仕入れる昆布問屋が今でも十数社残っている。

■日高《ひだか》昆布

東京はじめ関東圏で標準となっている、太平洋に面した南岸で採れる昆布。他の3つと違って高級ブランドではなく、気軽に使える庶民の定番品のイメージである。それもあって他の3ブランドのように平べったくならしたものではなく、波打ったままざっくり乾燥させたパッケージがメイン。繊維がかなり軟らかく、すぐに濃いだしが取れて便利なのだが、汁の色も黒っぽく、磯の臭いも強い。淡味を好む関西人には合わないが、こいくち醤油でさっと仕立てる江戸のファストフードにフィットした。ちなみに廉価品のイメージが強い日高昆布、実はほぼ全て養殖でなく天然で育ったものだ。

■羅臼《らうす》昆布

富山や石川を中心に、北陸で好まれる高級昆布。オホーツク海の沿岸で採れる。真昆布よりもうま味も甘味も濃く、繊維もやや軟らかめで比較的はやめにだしが取れる。日高昆布よりは香りも色も上品で、ちょうど関西型と関東型の中間である。だし味の効いた関西料理をベースとしながら、江戸のトレンドも取り入れた北陸らしい昆布だ。なお僕の一番のお気に入りはこの羅臼昆布。香りと味のバランスが素晴らしく、汁に多少色が付くのを気にしない家庭料理にはぴったり。しかも繊維が軟らかいので、だしを取ったあとの昆布を刺し身のようにして食べても、新鮮な魚介類を昆布締めにしても美味しい。もともと関東にも関西にもあまり流通していないレアブランドなのだが、最近はネット通販でかんたんに取り寄せられる。良い時代になったものよ……。

昆布の発酵効果

敦賀の奥井海生堂を訪ねた時に、昆布を熟成させてうま味を凝縮させるテクニックについて教えてもらった。敦賀の港の近くにある工場の奥に、しめ縄で飾られた格子戸のある情緒たっぷりの蔵がある。蔵のなかには筵《むしろ》に巻かれた昆布がギッシリ。ここで数年間、場合によっては20～30年ものあいだ、昆布を寝かせて臭みを抜き、風味をまろやかかつ上品に熟成させていく。代表の奥井隆さんに、京都の高級料亭に送られる30年ものの濃いグリーンに艶《つや》めくヴィンテージ昆布を見せてもらった。表面にはうっすらと白い粉。昆布特有の、うま味と甘味の相まったマンニトールという成分の結晶だ。奥井さん曰《いわ》く、じっくり発酵熟成させた昆布の香りは京都の高級料亭の板前たちに「精進臭さがなくて美味しい」と好評なのだそうだ。たしかにヴィンテージ昆布に鼻を近づけてみると、海藻特有の磯の臭いが消えている。かわりに魚貝のような、かぐわしい香ばしさを感じる。鰹《かつお》節の爽《さわ》やかな香りと合わせたら極上のスープになりそうだ。

　蔵のなかで昆布を熟成させる「蔵囲い」という方法論は、臭みがなく上品なかわりに、味が薄めの関西型昆布の弱点を補完するテクニックだ。発酵させることによって、和食の発酵食品でおなじみの奥深い味わいをつくるカビや酵母、乳酸菌などが働き、昆布の成分が分解され、うま味や甘味が蓄積されていく。同時に磯の臭いが抜け、発酵の醸し出すかぐわしさに変わる。和食の、軽やかで心地よく、同時に複雑で余韻のある味わいを演出する最高のだしになるのだ。この発酵作用はもともと北海道から時間をかけて昆布を運搬するうちに偶然起こった作用なのではないかとされている。[*37] 時間をかけて発酵・熟成させることで臭みがなく、コクのあるプロダクトに仕上がっていく。時間の経過は劣化ではな

蔵でじっくり熟成させた敦賀の昆布

＊37　詳しくは生化学者の川上浩《かわかみひろし》博士の研究を参照

く、成長、いや成熟と言ったほうがよさそうだ。微生物を介在させることで、時間を味方につける。歳を重ねるほどに品が良くなっていくのだ。

だしとは何か

昆布だしは和食のなかでは数少ない「ゼロから独自に生まれたプロダクト」だ。昆布の登場により和食独特の「うま味の食文化」が展開していったと言える……というのが教科書的な言い回しだが、そもそもその「和食独特のフィーリング」とは何なのだろうか？

以前、イタリアの研究機関からのお誘いで、イタリアの食材と和食の発酵技術をかけあわせる実験の手伝いをしにいったことがある。そこで地元のシェフたちとレストランの厨《ちゅう》房《ぼう》に入ってお互いの料理のコツを交換しあった。和食とイタリアン、どちらも素材をシンプルに活《い》かす料理とされているが「味の決めかた」がまったく違う。イタリアン（というか洋食全般）では、味のベースは「長く食材を煮込む」ことでつくる。野菜や骨付きの肉を何時間も煮込んでドロドロに溶かし、だしとして使う（フレンチでいうところのブイヨン）、いっぽう和食では昆布や鰹節など、事前に手間をかけて日持ちするようにしておいた食材をお湯にさっと浸して、場合によっては数十秒でスピーディにだしをとって味のベースとしてしまう。生の食材を時間をかけて煮込む洋食と、時間をかけて加工された食材をさっと煮出す和食。粘度が高く、動物性のたんぱく質や脂質がたっぷり溶け込んだ濃厚な洋食だしと比べると、和食だしは脂質が少なく水のようにサラサラだ。しかしギュッと凝縮されたうま味があり、洋食だしとはベクトルの違うリッチさがある。

僕に仕事を依頼したイタリアの研究者が目をつけたのは、この「サラサラなリッチさ」である。彼曰く、イタリアの郷土料理は国民みんな愛着を持っている素晴らしい食文化だが、好きなだけ食べると肥満や生活習慣病の原因になってしまう、という悩みがある。そこでヘルシーなスローフードを考案したい！　日本人は油も肉も使わないでリッチな料理つくるの得意だろ？　ということで僕にお鉢が回ってきたわけだ。

イタリアのシェフたちに和食のコツを教える時にもっとも大変だったのが、だしのとりかた。昆布なら数分から20分、鰹節の一番だしにいたっては1～2分でおしまい。


「えっ、これで終わりでいいの？」


僕がだしの取りかたを実演すると、みんな不安げ。「俺は和食のだしの取りかたを知っている！」と自信ありげだったシェフも、長く沸騰させすぎで香りが焦げ臭くなってしまっていた。これは知識のありなしというよりも、文化の前提の違いなのでは……と感じてしまう。僕も家でイタリアンをつくる時に、オリーブオイルやバター、ニンニクを入れる量を本場よりもずっと少なくしてしまう。無意識のうちに脂質リッチな味わいを避けてしまっているんだね。

和食のだしはあっという間に煮出すので、爽やかで軽やかな香りと味わいが持ち味。洋

イタリアの研究所での一枚

食のだしは時間をかけて味を濃縮させる。香りはだしではなく香草類で出す。この2つの文化の違いは、時間へのアプローチの違いから生まれる。洋食だしでは、料理する人間が時間にアプローチする。対して和食だしでは、人間ではなく食材そのものが時間にアプローチする。洋食だしでは、食材に時間は蓄積されず、採れたての食材を料理人が時間をかけて煮込む。対して和食だしの場合、昆布や鰹節のように食材自体に時間が蓄積されている。料理人はこの「蓄積された時間」を解凍するだけだ。洋食では、料理はあくまで人間がする「行為」である。対して和食では、料理は食材という自然を吟味する「目利き」であると言える。和食では料理のスタートラインが、キッチンで行われるずっとずっと手前にあるのだ。醤油や味噌《みそ》のような調味料しかり、昆布や鰹節のようなだしもしかり。時間をかけて発酵・熟成を進める見えない自然にリスペクトを示すために、料理人は「行為」としての料理をなるべく排除し、自分が関与することなく、すでに蓄積されている美味しさが引き出されるタイミングを適切に「見極める」ことにフォーカスする。その見極めの美学は意識の次元ではなく、具体的な手続きひとつひとつのなかに宿っている。湯のなかで鰹節が躍る瞬間、水分を吸った昆布が鍋《なべ》のなかで開いていく瞬間。圧縮された自然の時間が、食卓（デスクトップ）の上で解凍されてインストールされる、心と舌が沸き立つ瞬間だ。

鰹節とアジアだしの系譜

かくも好対照な洋食だしと和食だしを橋架けするものとして、中国や韓国をはじめとする「アジアだし」がある。発酵調味料も肉もある東アジアでは、だしも日本よりもバリエーションが幅広い。エスニック食材店で定番の味覇《ウエイパー》は、鶏《とり》ガラと野菜を煮込んだ、どちらかというと洋風だしのブイヨンに近い食材だ。中国雲南省を旅していた時に、街角に乾燥させた豚の腿肉《もも》が吊《つ》るされているのを見かけたことがある。これは「火腿《フオトエイ》」といって、発酵させた豚の生ハムだ。東京農業大学の名誉教授、小泉武夫《こいずみたけお》博士のチームが行った研究によると、この火腿はただ塩漬けにして乾燥するだけでなく、カビを付けて水分を抜き、うま味を凝縮していく。つまり、薄く削《そ》いでお湯で煮出して使う「だし」なのである。カビ付けをする豚の生ハムはスペインやイタリアにもあるのだが、中国ではだしにして使う。同じ生ハムでも、直接食べるかだしにするか。アジアとヨーロッパの食の原理の違いが見えるようで面白い。

さてこの火腿。日本にも同じような方法論がある。鰹節である。

昆布と並ぶ和食のだし2トップの一角、鰹節。昆布と同じく主に江戸時代以降に発展していっただし文化。昆布が日本海側で発展したのに対して、鰹節は太平洋側で発展し、江戸料理のだしのスタンダードとなった。なぜ昆布との違いが生まれたのか？　第一に海運の難易度。北前船のような日本海側の大規模海運が太平洋側よりも先行したのは、海流の複雑さと激しさが原因だ。太平洋の海運は難破や遭難が多く、海流の読みを間違えると江戸湾を目指したはずが伊豆諸島、場合によっては四国あたりまで流されてしまう。なので海運技術が発達する江戸後期に至るまで、昆布の流通が日高昆布を除いてそこまで発達しなかった。第二に、食材の特性である。太平洋沖の南洋で育ち、日本に大群で回遊してくる鰹は日持ちがしない。脂が多くてダメになってしまうので、すぐに何かしらの加工をしなければいけない。当初は燻《いぶ》したり煮干したりして乾燥され、スペインの生ハムのように薄く削いで食べていたようだ。鰹の加工文化が古代から根付いていた静岡の伊豆半島西部の田子《たご》港では「潮かつお」と呼ばれる、鰹の発酵生ハムが古代からつくられている。平安時代、『延喜式』にも「堅魚《かたうお》」として登場する神饌だ。一匹まるごとの鰹に注連《しめ》飾りをして、正月のお供え物にする。その後、船乗りの親方が船員に薄く削いだ潮かつおを配り、1年で最初の漁で血の契《ちぎり》ならぬ「かつおの契」を交わすのだそうだ。直接食べる用途のほかに、軽く炙《あぶ》った潮かつおを湯に浸してお吸い物にする、鰹節のだしの原点のような食べ方もある。なお、日本海側の福井や富山の漁村には「汐《しお》ぶり」という、ブリの発酵生ハムが同じく神饌として正月にお供えされている。方法論も用途も同じものが、太平洋と日本海で魚種を違《たが》えて伝わっているのは文化人類学における神話の伝播《でんぱ》のようで興味深い。オホーツク海の標津《しべつ》では、「山漬け」という鮭の発酵生ハムがある。これはアイヌと会津《あいづ》藩の出会いによって生まれたものである。[*38] このように、シーズンによって大量に獲《と》れる魚を生ハム状にする文化は各地に見られ、火腿のような「動物性だが時間をかけずに煮出す」

*38 詳しくは拙著『日本発酵紀行』を参照

という、アジアだしの系譜につながっていく。

枯節の誕生と南洋節

当初はアジアだしの系譜から始まった鰹節だが、江戸時代中期頃に日本独自の進化を遂げていくことになる。「枯節《かれぶし》」技術の発明である。以下、現代でも流通している鰹節の製法を解説しよう。

前述した通り、鰹節以前の「堅魚」は、魚を生のまま塩漬けした後に干して乾燥させていく生ハム状のものだ。しかし鰹節はそれより圧倒的に手が込んでいる。まず脂分の少なく、形の良い鰹の身を下ろして煮る。こうすることで、たんぱく質が外に漏れ出さないようになる。次に鰹の肉から骨と皮を取り、三度に分けて燻製《くんせい》にする。およそ20〜25%程度まで水分が抜けた後、燻した鰹の身の表面をヤスリや小刀で削る。ここまでの工程を経ると、僕たちの知っている硬くて茶色に光るあの鰹節が姿をあらわす。この焙煎《ばいせん》工程がかなり難しく、昔ながらの工場では火事になるのを避けるために洞窟《どうくつ》のようなところで鰹を燻す。脂分の少ない鰹を選ばないと、酸化が進んでえぐみのある風味が出てしまう。

ここからがハイライト。鰹の表面に、鰹節製造用に培養したカビ[*39]を付けて、発酵室のなかで育てる。じゅうぶんにカビが生えたら室の外に出して数時間天日干しをして、またカビ付けをして室で発酵させ……という工程を繰り返す。カビが鰹の身に残っていた水分を穏やかに抜き取りながら、もとの素材にはなかった甘く芳《こうば》しい香りが加わる。さらにしっ

＊39　主にEurotium属。麹菌Aspergillusによく似ている

かりカビ付けした鰹節は、発酵させない鰹節よりも澄んだ色のだしが出る。
このように手間をかけてカビ付けした鰹節が「枯節」だ。なかでも三回以上カビを付けた最上級品を「本枯節」という。カビ付けをする前、燻製状態で仕上げたものを「荒節」といい、量販品のほとんどはこの非発酵タイプである。この荒節、枯節より品質が劣る廉価品かというと、そう単純にも言い切れない。カビ付けをしない荒節には、フレッシュで爽やかな香りがある。しかし味の深みはだんぜん枯節のほうがあるので、料亭では荒節と枯節をブレンドして香りと味のいいとこどりをしたりする。

いかがだろうか。ふだん何気なく使っている鰹節は、このような途方もない手間をかけてつくられているのだ。生ハムからカビ付けした鰹節にジャンプしたのは、江戸時代初期。紀州《きしゅう》（今の和歌山）で現在の製法に近い燻製技術が登場。ここで生ハムから硬く燻した「荒節」へのシフトが起こり、薄く削った鰹の身をだしにする文化が定着する。次に17〜18世紀にかけての江戸中期、静岡県伊豆のあたりで、意図的にカビ付けをした「枯節」のレシピが完成。明治頃には同じく静岡県焼津《やいづ》で何度もカビ付けを繰り返した「本枯節」ができて、鰹節の全バリエーションが確立。魚の生ハムのワンオブゼムだった鰹が、和歌山や静岡、高知（土佐《とさ》）や鹿児島（枕崎《まくらざき》）などの鰹節名産地で何度もイノベーションを繰り返した結果、日本独自といっていいカルチャーにまで昇華されたのである。

鰹節は手間がかかるぶんだけ付加価値がつく。つまり儲かるプロダクトだ。20世紀に入り、先進国の仲間入りをした日本がアジアに進出すると、全国の鰹節メーカーはこぞって南洋諸島に進出する。醤油のアジア進出と同じような流れだ。宮内泰介《みやうちたいすけ》と藤林泰《ふじばやしやすし》による『かつお節と日本人』では、20世紀における鰹節のグローバル化の歴史を詳しく追っている。携帯性に優れる鰹節は、戦地に赴く兵士の食料としても重宝され、江戸時代よりも格段に消費量が増えていく。その需要を満たすために、フィリピンやマレーシア、インドネシアなどに鰹節工場をつくり、日本に回遊してくる前の鰹を獲って現地生産をする「南洋節」が流行した。この流れに乗って戦前の１９２０～１９４０年頃に、主に沖縄から南洋諸島へ向けて「鰹節移民」が相次いだ。戦後もこの流れは留《とど》まることはなく、21世紀の現在でもソロモン諸島やインドネシア中部、モルッカ海に面したビトゥンには大規模な鰹節工場がある。ここで作られる鰹節のほとんどは荒節で、スーパーでよく見かける個包装パックやめんつゆなどの材料として流通している。人口減少とともにどれも右肩下がりになっている和食の伝統食材において、鰹節は現在に至るまで順調に生産量を増やしている。背景には、アジア各地での和食のうま味文化の伝播がある（詳しくは後述）。

いりこと雑節

日本各地の山村や漁村を巡り、昭和以前の食文化の聞き取りをしていると、思ったより昆布や鰹節でだしを取っていない地域が多いことに気づく。物流に時間のかかる昆布、加工に手間がかかる鰹節は、江戸から明治に至っても庶民が日常的に使うには高価な食材だった。それでは何でだしを取っていたのか。最も頻繁に使われるのがいりこ（イワシの煮干し）だ。脂が少なく形の小さいイワシを海水で煮て、その後乾燥させる。まさに「煮」「干し」なのだね。昆布や鰹節よりも、イワシはうま味成分が外に逃げやすい。そのため、塩が含まれた海水で煮ることによってうま味を定着させ、かつ保存性を付け加える。いりこのだしはほどよい塩味があって、調味料とだしを合わせたような使いやすさがある。

千葉の九十九里《くじゅうくり》の漁師を訪ねた時に聞いたエピソード。昭和中期頃までイワシはとても食べ切れないほど大量に獲れたらしく、使い切れないイワシを熱をかけて固めて肥料にして土にやっていた。こういう背景のなかで庶民のだしであるいりこが誕生したんだね。軽くて半年〜1年ほど持ついりこは、山の集落で重宝された。僕の住んでいる山梨の山間部でも昔からだしはいりこが定番。アタマとはらわたを取った煮干しを鍋に入れ味噌と乱切りのうどんを放り込んだ「ほうとう」は山梨の名物料理。昆布や鰹節が手に入らなくても、有り余るイワシを加工したいりこならば庶民でも使えた。現代におけるいりこの名産地は、瀬戸内海の諸島部。脂の少なく形の良いイワシが獲れて、苦味の少ない上品ないりこをくることができる。瀬戸内海に面した香川に行った時の楽しみは、たっぷりのいりこだしで仕立てた讃岐《さぬき》うどんをツルツルとすること。同じく瀬戸内名物のすだちを汁にギュッと絞っていただくのも最高……！

各地の漁村を訪ねると、鰹以外の魚でつくる様々な「雑節」に出会う。

神奈川・静岡の太平洋沿いから伊豆諸島にかけて、サバやムロアジ、ブリを燻した雑節を見かける。九州ではトビウオの節で取るアゴだしがよく知られている。北海道のオホーツク海沿いの港では鮭の節も興味深い。雑節はそれぞれの魚種の特徴がよく出て、鰹節よりも味が強くシンプルに味が決まるものが多い。しかしなぜこの雑節が鰹節のようにだしのスタンダードにならないのか？　その理由は「香り」である。削りたての鰹節をお湯に躍らせた時に花のように広がる鮮烈な香りは、鰹以外では生まれないのだ。他のアジア諸国やヨーロッパの料理のように香草類を使うことが少ない和食では、鰹節や昆布の芳しい香りは欠かせないアクセントになる。これが鰹節と昆布がだしの2トップである理由だ。

精進・茶・漬物

動物性の食材が使えない精進料理では、だしの取りかたも独特になる。典型的なのは、昆布とどんこ（乾燥椎茸《しいたけ》）の合わせだしだ。昆布のコクのあるうま味とキノコの滋味深いうま味が相まって、余韻の長い、甘味のあるだしが取れる。しかしこの合わせだしは法要などのハレの日用。ふだんの質素な食事に使うだしは、大豆や野菜クズの煮汁をよく使う。食材の全てをありがたくいただく、精進料理の真髄が詰まったケの日の精進だし、ほっこりした甘味がめちゃ優しく、内臓に沁《し》みわたるありがたさ……。

昆布も流通せず、鰹節やいりこもない隔絶された土地には思いがけない発想のだしがある。海から遠く隔たった関所町、長野県木曽地域では「すんき」というカブの葉を乳酸発酵させた漬物をだしのように使う。山がちで塩が貴重だった木曽では、秋の終わりの、雑菌の少ない涼しいタイミングを狙って塩を使わずに土着の乳酸菌だけで漬物を発酵させる。この塩味のない、特殊な乳酸発酵によるシジミのようなうま味のあるカブの菜っ葉を味噌汁やソバのツユに入れてだし兼具材にしてしまう。乳酸発酵の酸味をだしのように使う方法論は、ネパールやインド東部の山村で見かける。すんきと同じく塩を使わずにつくる「グンドゥルック」という漬物をカレーやスープのベースにする。

四国の山間地や瀬戸内の諸島部では、発酵茶でつくるだし茶漬けがある。遅摘みの茶葉を漬物のように樽《たる》に仕込み、乳酸発酵させる。するとすんきと同じようなだし味があるお茶になる。高知県嶺北《れいほく》の碁石茶、徳島県上勝《かみかつ》の阿波晩茶が日本ではレアな発酵茶の系譜だ。普通に飲んでも美味しいのだが、お茶漬けにするとほのかな酸味とうま味が食欲をブーストさせる。塩味に頼らず酸味で味を決めるこの乳酸だし、最初は戸惑うが慣れてくるとだんだん病みつきになってくる醸されフレーバーだ。精進料理やお茶のだしが教えてくれるのは、全ての食材から味を引き出せる「エブリシングだし」の可能性だ。

第一章から見てきたように、日本では肉食を避け、植物性中心の食材を加工した味のリッチさを追求してきた。ポイントは発酵とだしである。この2つは異なる方法論のように見えて、実は共通の仕組みで和食を他の食文化から隔たった個性を演出している。だしは液体のなかで煮込むことで、発酵は酵素による作用で、食材の栄養分を細かく分解し、うま味を抽出していく。だしと発酵が組み合わさった熟成昆布や鰹の枯節こそが、日本のうま味宇宙の象徴なのだ。

味の素とうま味のローカリゼーション

明治維新以降、欧米から最先端の化学や生物学を学んだ日本は、自由が育《はぐく》んだうま味の宇宙を分解・再構築することに成功する。１９０８年（明治41年）、化学者の池田《いけだ》菊苗《きくなえ》が昆布のうま味を構成しているグルタミン酸に目をつけ、工業的な生産に成功。これがおなじみ「味の素」の原点。続いて池田菊苗の弟子の小玉新太郎《こだましんたろう》が鰹節やいりこのうま味を構成しているイノシン酸を発見、そして戦後、発酵学者の國仲明《くになかあきら》が干し椎茸のグアニル酸を発見。昆布のグルタミン酸、鰹節のイノシン酸、椎茸のグアニル酸というアミノ酸のトライアングルが、日本的なうま味の構成要素である。

さらにこの3つをかけ合わせると、単純な足し算でなく、うま味が数十倍まで掛け算されることが判明、当初単体のグルタミン酸がメインだった味の素は、このうま味トライアングル効果を導入し、最強のうま味調味料となった。

アジアを旅すると、街場のレストランでも屋台でも、味の素メソッドのうま味調味料をベースにローカル料理がつくられていることに驚く。実はこれ、味の素のグローバル戦略の賜物《たまもの》である。僕の知人に「味の素グリーンベレー」と呼ばれる、味の素社のグローバル行商部隊メンバーがいる。日本と同じうま味文化圏の東アジアだけでなく、インドやアフリカまでうま味の伝道をして回っている。話を詳しく聞いてみると、日本と同じうま味調味料を売り込むのではなく、営業する先の国の文化にあわせて、味を細かく調整して商品化をするらしい。和食発のうま味のグローバリゼーションは、細やかなローカル戦略によって伝播していることがわかる。

和食のだしによる複雑なうま味の掛け算は、既存のものにあてはまらない新たな味覚であるとして「UMAMI」の単語が英語の辞書に載っている。発酵や熟成の作用により素材のたんぱく質が細かく分解され、舌の味蕾《みらい》に強く働きかけるうま味は、強い脂質や甘味、塩味を伴わなくても満足感をもたらす。淡味なのにリッチなうま味は、食べ過ぎによる栄養過多を抑えてくれるミラクルな味覚なのである。

昆布召せ、節召せ、キノコ召せ。うま味は海を、文化を越えていく。

♪つれてんつれてん　てれてれてん♫

だしの章の参考文献

Column

だしについての本はほとんどがレシピ集やビジュアル本。文化史としての文献は限られています。

●**昆布と日本人：奥井隆《おくいたかし》**

福井県敦賀を拠点とする昆布商「奥井海生堂」代表による日本人と昆布の関わりを描いた魅力的な読み物。仏教や北前船、幕末史など、昆布を文化として知りたい人には必携の一冊。

●**だしの科学：的場《まとば》輝佳《てるよし》／外内尚人《とのうちなおと》（編）**

だしについて体系的に学べる教科書。とりわけ各だしの製造背景と、うま味の化学的な構造が理解できます。生物化学や栄養学の基本的な知識が前提になりますが、だしのおいしさについてより深く理解したい人にはオススメ。同類の本として『だしとは何か』はより新しいトピックも網羅。

●**かつお節と日本人：宮内泰介《みやうちたいすけ》／藤林泰《ふじばやしやすし》**

知られざる鰹節の南洋進出にスポットライトを当て、江戸時代にあらわれた鰹節がいかにうま味の王者になっていったのかを追った異色の一冊。

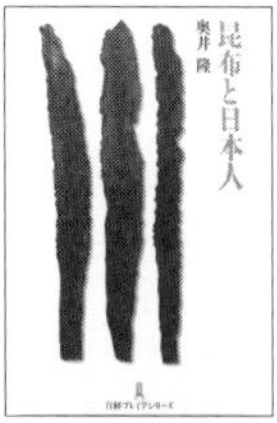

第五章

お茶と懐石

わびの茶が生んだ引き算のおもてなし

坐酌冷冷水　看煎瑟瑟塵
(地に座って冷たい水を汲《く》み　茶の粉末を煎《せん》じる釜《かま》を見つめる)
無由持一碗　寄與愛茶人
(茶を愛する友人にも一杯ふるまいたいが　その手立てがない)

山泉煎茶有懐(思うことあって、山の清水で茶を煎《い》れる)と題された、白居易《はくきょい》の名詩。唐代の中期、9世紀初頭に活躍した白居易は茶を詠む名人。なかでもこれは深い詩情、もっと言えば茶の真髄を感じるマスターピースだと僕は思う。山中で茶を点《た》てる様を描いた詩なのだが、「無由」という表現が気になる。「理由なく=なんとなく」とも読めるし「ゆえなし=できない」とも読める。前者に従って「特に理由もなく茶碗《ちゃわん》を持ち、一緒にいる茶好きの友人に渡した」と読み解くと、仲良しの二人が連れ立って山中で茶を点てた情景が浮かんでくる。後者に従って「茶を愛する友人にも一杯ふるまいたいが、その手立てがない」と読むと、誰もいない山中で一人、親しい誰かのことを思い浮かべる詩人の姿が浮かびあがってくる。詩なのだから、どちらに解釈してもかまわないのだけど、僕は冒頭に訳したようにこの詩は「独りの情景」がふさわしいのではないか、と思っている。白居易は科挙[40]に合格して高級官僚となったが、朝廷と何度も衝突して政治と距離を取るようになる。ゆえあって距離ができてしまった都の友人たちに、この新鮮な山の清水の茶を贈ってあげられればいいのに……という想いを詩にしたためる白居易の姿は中国の詩聖のありようにふさわしい。

中国古典の世界では、茶には「脱俗」そして「孤独」のイメージが色濃くある。どこか俗世を離れた場所で友のことを想う。静かな場所でひとり心の平安を願う。賑《にぎ》やかで用事の多い都会から山のなかに引っ込み、ビジネスや人間関係から解放される平安と引き換えの孤独。

そんな内省的な「茶」と対置してみたいのが、同じく古典詩の定番である「酒」だ。白居易の先輩である李《り》白《はく》の豪快な詩を挙げてみよう。

兩人對酌山花開　一盃一盃復一盃
(山中で酒を酌み交わす二人の庵《いおり》の周りには花が咲いている　一杯一杯また一杯)
我醉欲眠卿且去　明朝有意抱琴來
(眠くなってきたからそろそろ帰ってくれ　明日朝には琴をもってまた訪ねてきてね)

こちらも山の中の出来事なのだが、酒好きが大宴会してホストが途中で眠ってしまう。

＊40　中国の高級官僚試験。合格するのがめちゃくちゃ難しいことで有名

友と一緒にいる喜びと、酔っ払ってそれすらどうでもよくなってしまう酒飲みの可笑《おか》しさがたまらない。酒と茶は同じ超俗的な世界をあらわしながら、前者は無頼や可笑しみを、後者は静謐《せいひつ》と寄る辺なさを描き出す。道教的な二元論でいえば、陽が酒で、陰が茶。茶は今いる現実を離れ、今は会えない誰かのもとに魂を連れて行く、幽玄の世界に属するものなのだ。

塩や香辛料と調味する「はじまりの茶」

白居易が茶の詩を多く詠んだのには歴史的な理由がある。彼の生きた唐代は、茶が中国全土に広く普及していった時期だった。紀元前2750年頃、伝説上の皇帝である神農《しんのう》がすでに茶を飲用していたとある。紀元前1世紀頃の前漢の時代には、茶道具の売買を記した文献が残っているが、しかしこれは茶の木の茶葉を煎じたものであるのか、それとも他の薬草茶であるのかは判然としない。茶の木の茶葉を使った「いわゆる茶」が広く中国で日常飲料として飲まれるようになったのは8世紀後半以降になる。茶を勉強する人なら100%通る古典、陸羽《りくう》の『茶経《ちゃきょう》』において、茶の詳しい飲み方と作法が体系化された。ちょうど白居易が活躍していた頃であり、実は最澄《さいちょう》や空海《くうかい》など、日本から僧侶《そうりょ》が遣唐使として中国に派遣されていた時期でもある。この時期に遣唐使を通じて日本にはじめて大陸から茶がもたらされているのだが、この時期のお茶は現代人が日常的に飲んでいるお茶とは違うものなのだ。

冒頭で紹介した白居易の詩に「看煎瑟瑟塵」とある。釜のなかに入れた茶が波立つように沸き立つ様子を見つめている様を描いているこの一文のなかの「塵」の字に着目されたい。塵とはつまり「粉」のことだ。この頃の茶は、茶葉を乾燥させひき臼《うす》で細かくしたものを圧縮して、レンガや餅《もち》のように成形した「磚茶《たんちゃ》」という形態で流通していた。圧縮した茶のカタマリから粉を削り取って煎じる。この磚茶は長期保存を基本とし、遠く離れた西の土地から長距離輸送するのに最適化された製法だ。『茶経』によると、塩やスパイスを混ぜあわせて飲んでいた。新茶を煎じて素材そのものの味わいを尊ぶ日本人の緑茶の哲学とは対極にある。白居易の詩の場面を想像してみよう。茶人は懐の中に磚茶のカタマリを入れて山を登り、煮え立つ釜のうえでカタマリにナイフのようなものをあて、粉状に削《そ》ぎ取って茶を煎じる。その茶の色は日本人の僕たちがパッとイメージする鮮やかな緑ではなく、黄土色か茶色の地味な色合いだったはずだ。さらにスパイスボックスから塩や生姜《しょうが》をパッパッと振って味を調整し、「沁《し》みる〜」と喜んでいたのでは……？　と想像してみると、白居易のいう「愛茶人」とは、現代でいう茶人というよりは、スパイスを調合するのが好きなカレーマニアのような人物だったのかもしれない。

このような「調味する茶」が、アジアにおける「はじまりの茶」[*41]だ。日本でも9世紀初頭、平安初期に最澄や空海が遣唐使の帰りに薬として日本にこのスタイルの茶を持ち帰ったとされている。それを受けて、815年頃に嵯峨《さが》天皇が京都の宮中に茶園をつくり、茶の栽培を奨励した。栽培された茶は、読経会のあとに僧侶たちに振る舞われた。この頃の

＊41　実は日本及びアジアの辺境にはこの「はじまりの茶」の末裔たちが生き残っている。詳しくは章の後半で

茶は陸羽の茶のように、厚朴《こうぼく》*42や生姜などを加え、長時間の読経の疲れをねぎらうものだったという。しかしこのように漢方や香辛料を加えた薬用茶は、日本では広く愛飲される嗜《し》好品《こうひん》の本流になることはなかった。日本における茶の文化が本格的に始まるのは、唐に続く宋の茶の到来を待たなければいけない。

薬からクスリへ

中国では宋代になると、調味型の磚茶は徐々にフェードアウトし、かわって現代の茶文化につながるスタイルが隆盛していく。宋代のお茶は主に「散茶」と「片茶」に二分される。「散茶」は現代でもおなじみの、一枚一枚の茶葉がバラけたものを煎じて飲むもの。「片茶」は茶葉を固形状にしたもので、唐代の茶の発展形といえる。庶民が日常的に飲むのが散茶、高級品として流通したのが片茶だ。ちなみに日本に先にもたらされたのは片茶。最初に外国から輸入されるのは高級品と相場が決まっているんだね。どちらも混ぜものをすることとなく、熱湯を注いで飲む。

宋代以降の茶のキーポイントになるのが茶葉に含まれる「カフェイン」だ。12世紀後半、臨済宗《りんざいしゅう》の開祖、栄西《えいさい》が宋に渡り、最先端の茶文化を学んで日本に帰ってくる。彼が持ち込んだのは禅宗の修行に使われていた茶で、ありていに言えば「修行中に寝ないための眠気覚まし」、サービスエリアで売っている眠眠打破やレッドブルみたいなものだった。

*42　漢方薬の原料となる生薬の一種

禅の始祖であるインドの達磨《だるま》大師が中国に来た時の話である。毎日熱心に布教に励んでいると、座禅の途中にうつらうつらと居眠りしてしまう。眠くなってしまうのは目のうえにまぶたがあるからだ！　と自分のまぶたをちぎって庭先に投げ捨てると、しばらくして見たことのない木が生えてきた。現地の人にこの木は何なのかと聞いてみると「チャの木である。この葉を煎じて飲むと眠気が覚めるぞ」と言う。そこで早速実践してみると、心身ともにさわやかになって禅の普及に役立った。東インド会社に勤めていた医師のケンペルが17世紀後半、日本滞在時に書いた『日本誌』のなかで紹介したエピソードだ。栄西が日本に持ち込んだ、禅の茶の起源の言い伝えなのだろう。まぶたをちぎって投げ捨てた土から、茶の木が生えてくるという荒唐無稽《こうとうむけい》さが爆笑ものだ。

栄西が持ち帰った宋代のお茶はどのようなものだったのか。乾燥させて熱を加えた茶葉をすり鉢で細かく破砕して練り直した片茶の一カテゴリーであったようだ。唐代の磚茶よりもさらに細かくすりつぶした茶の粉末をお湯と混ぜ、茶筅《ちゃせん》で練り上げる。すると茶の粉末が液体と融合し、ドロッと泡立つ濃厚な茶ができる。この喫茶法を「点茶」といって、日本の抹茶の祖先にあたる。「お茶を点てる」の起源は、この点茶からきているんだね。「煎」じる散茶は葉と湯が分かれるが、「点」てる茶は茶葉をそのまま飲んでいるようなものなので、カフェインの含まれる量が多い。つまり覚醒《かくせい》度が高く、一口飲めば意識がシャキッとする、というかぶっ飛ぶヤバい飲み物なのだ。

栄西の記した『喫茶養生記』によると、

広雅に曰く、「其の茶を飲むは、酒を醒まし、人をして眠らざらしむ」と。

博物志曰く、「真茶を飲めば、眠りを少なからしむ」と、眠りは人をして味劣ならしむるを以てなり。亦眠りは病なり。

と中国の茶の古典を引用しながら「茶を飲むと酒気も眠気も吹っ飛ぶ」と効能を強調している。「眠りは病なり」と断言するあたり、栄西はストイック修行者であったことが窺《うかが》える。僕のような飲酒&お昼寝大好き野郎には耳が痛い。このように宋代に普及したお茶は、刺激物質であるカフェインを濃縮することで、人間の意識に働きかける嗜好品となった。白居易の時代の心の平安と滋養強壮をもたらすのとは別に、覚醒を促す機能が付け足された。

つまり薬からクスリになったのだね。

中世の貿易戦略としての茶

日本における茶の変遷をもう一度おさらいする。唐から伝えられた黎明《れいめい》期の茶は、滋養強壮薬として、儀礼の場で限定的に使われていた。鎌倉初期に栄西が宋から伝えた禅宗スタイルの茶が、日本の茶道の原型となる。

やがて鎌倉から室町へと至る戦乱の世で、禅を重んじる武家社会の発展が日本独自の茶の文化を生み出していく。栄西に続いて13世紀後半、同じく臨済宗の大応《だいおう》国師が中国式の茶の嗜《たしな》みを会得する。学んだのは、第三章の金山寺味噌のエピソードでも登場した、浙江州の径山寺だ。この径山寺、おそらくは日本からの留学生を盛んに受け入れていた「海外提携校」のような場だったのだろう。留学生である大応国師は、喫茶の知識に加えて、最新の茶道具を持ち帰り、トレンドの伝道師として凱旋《がいせん》する（現代で言えばアメリカの大学で学んで、日本でＩＴ起業するような感じだ）。ちなみに帰国した後に大応国師が開いた寺が、同じく第三章の一休寺納豆のエピソードで登場した一休寺（酬恩庵《しゅうおんあん》）である。宋代の中国と、鎌倉時代の日本の「禅宗コネクション」が、日本の食文化に与えた影響は果てしなく大きい……！

栄西や大応国師が伝えた宋の茶の湯の文化はどのようなものだったのか。絵巻などで残っているのは「闘茶」というゲームだ。これは茶碗でぶん殴ったりお湯をぶっかけたりする武闘会……ではなく、様々な地域や製法の茶を試飲して目利きを競うテイスティング会だ。記録に残っているものでいうと、最高級とされていた京都の栂尾《とがのお》地区のお茶とそれ以外のお茶をブラインドテイスティングする。加えて、お茶を利きながら歌を詠んだり、書をしたためたりするハイソな集まりだったようだ。中国から輸入した茶道具を使って「どれが最高級の茶か、わかりますかな?」と、バブル期に日本の富裕層が競ってフランスやイタリアの高級ワインをコレクションしていたのと同じように、室町時代の茶は社会的地位の高い上層階級における、教養のモノサシとなったのだ。

世界史的な視点で見てみると、日本が宋代の茶の湯を教養としたのは、中国の国家ぐるみのブランド戦略のたまものと言える。宋の後期、12〜13世紀頃には、茶は単なる飲料を超え、社会に富をもたらす産業に成長している。長期保存ができて長い距離を輸送することができ、覚醒作用やテイスティングの楽しみがあることから付加価値が高く、かつ中毒性のある嗜好品。これはめちゃ売れるぜ……！　ということで、国内はもちろん、周辺国にもガンガン輸出された。とりわけ大々的に売り出されたのが、デザイン性と携帯性に優れる片茶である。最高級品として、茶葉がドロドロになるまで細かくひき砕き、表面がピカピカに光るまで丁寧に成形（小さい子供が時間をかけて磨く泥団子をイメージしてほしい）、さらに鳳凰《ほうおう》や龍などのスタンプを施した「蠟茶《ろう》*43」と呼ばれるプレミアムパッケージが登場。まるで金塊のような貴重品として流通した。

もうひとつ片茶のグローバル流通の例を見てみよう。中国雲南省名産のプーアル茶は、13世紀頃から、原産地であるミャンマー国境付近の熱帯地方からはるか数千㎞かなたのチベットまで馬の背に載せて貿易品として運ばれていった。標高3000m超の荒野で野菜の栽培が難しいチベットで、茶は高地で生き延びるためのビタミン源として欠かせないものだったのだ。チベットへの貿易用のプーアル茶は薄い円形状のパッケージで流通する。直径20㎝、厚さ2・5㎝、重さ357gと厳密にサイズと重さが決められ、7つ重ねて馬

＊43　ロウのようになめらかに成形されたお茶

の背に載せられた。餅状のパッケージを７つセットにするので「七餅茶《シーピンチャ》」と呼ばれる。お気づきだろうか？　ここまで厳密に規格化されるということは、つまり貨幣として扱われたということだ。この七餅茶が流通する道は「茶馬古道」と呼ばれ、現在でもその道が残存している。僕もこの道を辿《たど》ってみたことがある。茶馬古道が通るエリアはアジア屈指の多民族地帯で漢民族がほとんどいない。東南アジア系の熱帯に住む民族から寒冷地に住む山岳系の民族へと、複数の民族をバトンリレーしながら茶が運ばれていく。その過程で異なる言語や経済圏でモノとお金を流通させるために「馬幇《マーパン》」と呼ばれる多民族混成シンジケートが結成され、中世〜近世アジア屈指の国際貿易路へと発展していった。往路の雲南→チベットでは茶が運ばれ、復路のチベット→雲南ではヒマラヤの岩塩が運ばれた。茶も塩も軽く携帯性が高く、生存のための必需品。しかも生産に向いた土地を選ぶために、交換のための貨幣的機能を持ちやすかったのだ。現代でも最高級のプーアル茶は、長く熟成させるほどに価値を増す金融資産のように扱われている。20年を超えるヴィンテージ茶は３５７ｇの餅ひとつで軽く数万円の値が付く。びっくり！

　このように高級な片茶は国家の戦略的貿易品として珍重された。遠くまで運べるし、付加価値がべらぼうに高いので、国家財政のアテにされていた。唐代以前は雲南はじめ南方のローカル健康飲料にしか過ぎなかった茶は、中世以降、貨幣のような存在となった。この国家戦略の一環として、日本にも茶文化が伝えられたのだろう。茶そのものを貿易して

円形に成形した七餅茶

利益をあげ、さらに茶を通して周辺国に中華の先進的な文化も輸出して文化的属国とする。大陸国家の理にかなった国家戦略に、まんまと乗っかったのが禅宗の茶文化というわけだ。

唐物から侘びの茶へ

こうして中国の世界戦略と禅宗の導入により、日本で本格的な茶の歴史が幕を開けた。しかし中国式のハイソな茶の湯文化は、全国の武家が下剋上《げこくじょう》目指して跋扈《ばっこ》する室町後期から江戸時代にかけて、日本独自のガラパゴス的進化を遂げることになる。いっぽう禅宗とともに発展した中国の茶の湯は、モンゴル系のチンギス・カンの元王朝（13世紀後半～14世紀中盤）、そして漢民族系の明（14世紀後半）と時代が下るにつれ、王朝が禅宗を庇《ひ》護《ご》するのをやめたことでスタイルが変わっていく。本家中国では濃厚な茶を点てる禅スタイルの茶は衰退し、かわって烏龍茶《ウーロンチャ》や紅茶などの現代の中国茶に通ずるモダンな茶文化が主流に。しかし日本では禅の茶が引き続き発達し、さらに武士の自己鍛錬の場として日本的な「茶の湯」の文化が生まれる。

15世紀末、高名な禅僧村田珠光《むらたじゅこう》が、白居易のごとく世俗の付き合いを断って隠遁《いんとん》し、それまでの中国に倣った貴族的な茶の湯「ではない」、質素な茶の湯スタイルを考案。これを弟子の千利休《せんのりきゅう》がさらにアップデートして、小さな仮屋（庵）で客人をもてなす「茶道」の源流となっていく。

醤油《しょうゆ》や味噌《みそ》のごとく、茶でも中世から近世にかけて「大陸文化からの分離」が起こっていることがおわかりになるだろうか。背景には、一方では日本の文化の成熟があり、他方には中国の異民族との戦いや、オスマントルコやヨーロッパ世界の台頭により世界帝国、アジアの絶対覇者としての影響力の衰退がある。大陸中国の顔色を窺っていた辺境の島国が、自分たちのアイデンティティに目覚めていく過程が茶の湯の歴史のなかに刻印されているわけだ。

日本的な茶の文化が大陸文化からテイクオフする瞬間は、滋養強壮や集中力強化などの「実利の追求」から、「精神性の追求」へのパラダイムシフトに宿っている。

「茶禅一味」という、茶の湯の有名なスローガンがある。奈良〜平安時代の古代に栄えた仏教（密教や華厳宗《けごんしゅう》）は、朝廷や貴族のための加持祈禱《かじきとう》を主眼としていた。いっぽう鎌倉時代以降の中世に栄えた禅宗は、武家のための「心の鍛錬」として機能することになる。為政者が代わることにより、信仰の勢力図もまた変わっていったわけだ。日々死と隣り合わせのハードモードで生きる武士には、自身の死、そして親しい人の死の恐怖にとらわれない、「俗世を超越した精神」を持ち合わせる必要がある。禅宗は理論より実践によって悟りを目指す仏教であり、明日をもしれぬ自分の儚《はかな》さを超克するために機能した。

これが武士と禅の結びつき。次に禅と茶の結びつきはどのようなものだったのか。

いつ敵に滅ぼされるか、側近に寝返られるかわからない緊張感マックスの武士の生活において、心安らかな状態でいるための訓練が禅。そして心安らかにいられるほっこりタイム、それが茶の湯の場である。茶の庵に入る時には刀を置かなくてはいけないし、どんな偉い将軍でも頭を下げてにじり口をくぐらなければいけない。そして誰かに毒を盛ることができないよう、みんなで茶をまわし飲みしながら歌を詠む。権威をリセットし、この瞬間、この場に存在しているというマインドフルネスを引き出し、今この瞬間に悟りを開く(でないと明日死ぬかも)。これが茶禅一味の世界観だ。

寄る辺のない静けさ、質素さは、冒頭の白居易の「無由持一碗　寄與愛茶人」の詩篇のなかにある茶の原点。明日失脚する、あるいは殺されてしまうかもしれない。そんな物騒な世だからこそ、逆説的に平穏の時間が強く願われることになる。こうして日本人も厳しい戦乱の世を経るなかで、幽玄の茶の一碗を飲み干した。

借り物だった文化の「魂」を自分たちの文脈のなかで会得したのだった。

茶の湯が生んだおもてなしの食卓

酒でもタバコでも茶でも、嗜好品は文化の作法をつくる。ただ口にする行為そのものだけでなく、その周辺にある道具や空間のしつらえかた、場をともにする客のもてなしかたも同じく嗜《たしな》みの本体となる。茶を飲むことは、単なる飲食体験を超えた、自己の修練の機会であり、同時に他者への良好な関係性を育《はぐく》む社交の場となる。

自分を厳しく鍛錬し、他者を全身全霊でもてなす。元は舶来の眠眠打破だったはずの茶は、戦国の世において「新たな食卓の創造」さらにいえば「おもてなしのデザイン化」へと突き進むことになる。

茶の席では、客は茶だけでなく料理ももてなされる。日本的「侘《わ》び」の茶が生まれるまでは、料理を伴う宴席は平安貴族の宴会スタイル（「塩と醤油」の章で取り上げた大饗《だいきょう》料理）をベースにした、大皿の料理が並べられる大仰でド派手なものだった。室町後期の宴会食の構成を、日本史学者の熊倉功夫《くまくらいさお》『日本料理文化史』を参考に見てみよう。まず食事の前に「酒礼」と呼ばれる酒肴《しゅこう》が出される。魚介類などと酒がセットで出されるアペロのようなものだ。そしてメインが出されるのだが、これがとんでもない量なのだ。ご飯、汁物、副菜3つの「一汁三菜」が一の膳《ぜん》、そして追加の汁と副菜2つがセットになった二の膳、さらに追加のおかずが並んだ三の膳。この三膳（3つのお盆のセット）を基本とし、宴席のグレードに合わせて、五膳、七膳と数を増やしていく。メインが終わるとお菓子とお茶が出され、はいお開き！　とはならず、さあ二次会じゃ！　とばかり酒宴に突入していく。そこでは酒が飲み放題、季節のおつまみや〆《しめ》の麺《めん》まで用意され、芸妓《げいぎ》さんが登場して飲めや歌えやの無礼講。過剰に過剰を重ねた大宴会である。この贅《ぜい》を尽くした料理は「本膳料理」と呼ばれ、京都や大分の臼杵《うすき》など数軒の料亭で今でも体験することができる。ただしとんでもない量のお膳を用意しないといけないので、事前にある程度の人数の団体で予約しておく必要がある。

この本膳スタイルの宴席、実際に体験しているところを想像してみてほしい。ちゃんと味わえるのは、メインの一汁三菜くらいまで。そこから先はもう満腹感との戦いである。美食を味わうというよりは、座敷を数え切れないほどの料理で埋め尽くすことでホストの権威を見せつけるためのポトラッチ[*44]的儀式である。

しかし！　侘び茶の確立とともに、実質よりも様式を重視する平安貴族的な食卓を否定する、革命的な宴席が登場する。ポイントは「空間の縮小」である。

千利休の登場以前、茶室は少なくとも六畳以上の広さのある「みんなでくつろげる場所」だった。しかし引き算の美学を至上とする千利休は、晩年に近づくにつれ、茶室を極限まで狭く小さくしていく。その究極が京都妙喜庵《みょうきあん》の庭にあるたった二畳の「待庵《たいあん》」である。戦国大名と茶の湯のロマンを描いた傑作漫画『へうげもの』4巻で、主人公の茶人大名古田織部《ふるたおりべ》が、師である千利休に待庵でもてなされる場面が出てくる。利休はこの二畳の間で最大三人をもてなしたという（ホントかよ）。ホスト（千利休）とその前にある茶道具で一畳ぶんのスペースが占められ、残り一畳でゲスト達を座らせ、かつ茶と料理をもてなさなければいけない。前述の『日本料理文化史』のなかで、熊倉功夫は、

人がくつろげる空間は一人半畳で、一畳であれば二人までが自然の容量である。それを一畳に三人分の膳を出すとすれば、小さな膳を各自がひとつずつ据えるだけでたちまち

＊44　アメリカ北西部の先住民の間で行われる儀礼。度外れた贈与や費消の宴

いっぱいになってしまう。もちろん二の膳を置く余裕はない。

と千利休の茶の湯の席の場面を考察し、このように結ぶ。

膳がひとつしかおけないという制限が、おおげさにいえば懐石の革命性を強めることになった。

これはどのような事態なのであろうか？　やや長い引用になるが、熊倉功夫は以下のように述べている。日本の茶の湯の本領が記されているようで素晴らしい一文だと僕はおおいに感銘を受けた……！

茶室の狭さも含めて、茶の湯のすべてのスタイルが「わび」という思想にもとづいていたことが重要である。それを料理についていうならば、利休にとって茶の湯の料理の目的であるとか、珍味であることではなく、わび茶人らしいわびの表現であることだった。亭主によるわび茶の趣向の表現の一部に料理も位置づけられていた。料理が主人から客へのメッセージを含むことはしばしばあるが、茶の湯料理の場合、わびの表現という新しいメッセージが料理に託されていたのである。わびの表現はその中に季節感の問題や、食器のデザイン、食礼なども含み、それらを総合した料理を生み出す力となった。ここに懐石とよばれる茶の湯料理の新しい主張が生じた。

「懐石」とは、空腹をまぎらわすために懐に入れた、温かい石[*45]が語源である。食べきれないほどの贅を尽くす食事ではなく、空腹をしのぐための質素で温かい料理でもてなす。茶の「わび」の魂が食にも乗り移った革命の瞬間だ。表面的な様式の華美を排し、空腹を満たすという「食の実質」のみにフォーカスしたのが、千利休以降の「懐石」の引き算の美学である。この背景には当然、鎌倉以降に普及した精進料理がある。華美を嫌い、簡素でかつ食べやすい精進料理のエッセンスを、僧院の修行食という限られた用途から、ハレの日の宴席にまで昇華させたのも懐石の功績である。味噌や醤油、だしが発達したことによって、別途食材に調味料を浸すための皿が必要なくなり、より省スペースでシンプルな膳を組み立てられるようになったことも懐石の確立を後押ししたはずだ。

古代の神饌《しんせん》→平安の大饗料理→中世の精進料理と順を追って日本の食文化を辿ってきたが、わびの精神を宿す「懐石」においてついに外からの文化を完璧《かんぺき》に消化して独自の文脈に構築しなおした食のあり方が出現する。ここでは奈良神饌の百味御食《おんじき》の「手間を尽くして料理をする」ことと精進料理の「自然を収奪しない質素さ」が矛盾なく共存している。大饗料理や本膳料理のように手間をかけることが豪奢《ごうしゃ》に向かうのではなく、手間をかけ尽くし、相手を思いやり尽くした結果、わずか半畳で供される家庭の味に辿り着いたのだ。

＊45　利休の時代、懐石は「温石」と呼ばれた

待庵で供された懐石の膳の一例を見てみよう。魚介と野菜を酢で和《あ》えた膾《なます》、鯛《たい》の焼き物、貝とセリの汁とご飯。食後の菓子はこんにゃくの煮〆。本膳料理の一膳ぶんにも満たないわずか一汁二菜。しかも半畳のスペースでは一度に全ての料理を出すことができないので、膾と飯と汁物、次に主菜の鯛の焼き物、最後に茶と菓子。ゲストの食べ進み具合をみながら順番に食事を出していく。

料理構成の「わび」もさることながら、注目したいのが料理のもてなしに「時系列」が導入されたことである。本膳料理では不特定多数のゲストにたくさんの料理が一度に並べられるため、外で買ってきた弁当のように、口にいれる時にはもう冷めたり硬くなったりしただろう。しかし懐石では顔の見える特定少数のゲストに、頃合いを見て絶妙な温度と質感の料理が出される。前者と後者、どちらのほうが「おもてなしの心」を体現しているのだろうか？　いくら豪勢であっても、個人の心に寄り添わない料理と、質素であってももてなす個人に寄り添う料理。後者のほうが優れている、と断じるのが茶の湯のもたらした「わび」の美学である。千利休は自分の権威を押し付けるクリエイターではなく、客席をよく観察して盛り上げるDJの役割を果たしている。懐石において、美しさは「内容(曲)」ではなく「もてなし（つなぎ）」に宿るのである。

ここまで本書を読み進めたならばおわかりだろう。ゼロから発生した「日本独自の文化」はものすごく少ない。その大半は、大陸から持ち込まれたものが一定期間本場と似た

やりかたでトレースされ、あるとき、

「このやり方、なんかオレたちに合わなくない？」

と自分たちなりの文脈で魔改造された時に出現する。ゼロからの創造ではなく、見立てによる解釈から文化を生み出すのが日本の型だ。

大陸中国由来の「唐物」の崇拝から遠く離れ、「わび」の境地に至ったことで、逆説的に日本の茶人たちは冒頭の白居易の境地に達した。幾万の人間が殺し合う戦場を離れ、極小の茶室のなかで、死んでいった同朋《どうほう》や家族のことを偲《しの》びながら「無由」の茶を点てた。「どのように生きるか」ではなく「どのように死ぬか」へと向かう道の果てに、千利休は古代中国の孤独な詩聖が茶を点てる彼岸の庵へと橋を「つないだ」のである。

世界の覇権を巡る茶のプロパガンダ

15世紀以降、中国と日本で茶の道は分かれた。やがて大航海時代が始まり、17世紀になるとオランダの東インド会社がアジア各地に拠点をつくる。ここからヨーロッパへの茶の貿易が始まり、茶はグローバル商品へと変貌《へんぼう》していく。

茶の世界的ブームのきっかけは、イギリスだ。17世紀中頃から18世紀にかけて、東インド会社経由で烏龍茶や紅茶の名産地、中国福建《ふっけん》州の茶がイギリスに輸入され、まずは貴族用の目新しい嗜好品として受け入れられた。この頃のヨーロッパでは、カリブ海やアフリカに植民地をつくり、奴隷労働によって栽培したサトウキビの大規模な貿易を進めていた。アジアから入ってきた茶と、カリブ諸島やアフリカから入ってきた砂糖はともにイギリスの上流階級のみが嗜める贅沢品。ならば2つを合体させたら贅沢×贅沢の極上品になるのでは……？　という千利休が激怒しそうな発想によって、茶に砂糖を入れて飲むというヨーロッパ独自の茶の飲み方が誕生する。この甘いお茶がイギリス人に具合が良かったらしく、19世紀なかばには上流階級から庶民へと需要が広まっていく。中国の茶は前述の通りアジア諸国で流通していたので、イギリスは独占的に茶を貿易すべく当時植民地化を進めていたインド北部（現在のコルカタ以東のエリア）で、砂糖のように茶のプランテーションを始める。アッサムやダージリンなどのインドのなかでは比較的涼しい山間地は茶の栽培に向いていたので、19世紀後半から茶の生産量が爆増。ここから20世紀前半にかけて、茶の本場中国、新興国のインド、そして極東の茶大国日本の三カ国で熾烈《しれつ》な茶の貿易戦争が勃発《ぼっぱつ》する。

経済史学者、角山栄《つのやまさかえ》の『茶の世界史』に、この頃のアジア、ヨーロッパ、アメリカ各地の動向が詳しく記されている。日本では江戸末期から日露戦争までに至る激動の時代に、いったい何が起きたのかを見ていこう。

明治維新を迎えて富国強兵を掲げ、鎖国を解いた日本。醤油のように海外に輸出できる、付加価値の高い物産品として茶に注目した。明治中盤から大正にかけて販売チャンネルを開拓すべく、ヨーロッパやアメリカで開催された万博に日本茶のブースを出展したりと、懸命に国際PR作戦を展開。しかし醤油と違って品質管理がイマイチで、かつ欧米に好まれた紅茶をほとんどつくっていなかったため大苦戦。当初は三者拮抗《きっこう》していた中国とインドにじわじわと突き放されている。

この頃の日本茶の輸出の記録を見てみると、輸出する国によって好まれていた茶が違うのが面白い。欧米諸国のなかでイギリスに次ぐ茶の消費量を誇っていたロシアに、日本は懸命に自国の茶を送り込もうとしていた。1894年（明治27年）には全体で約60トン、それが1903年（明治36年）には13倍の約780トンに増加している。この年の輸出の内訳を見てみると、緑茶は0・001％、紅茶が0・005％、99％以上を占めるのが紅茶をプーアル茶のように固めた片茶である。この頃のロシアの茶の飲み方は中世の中国っぽいのが興味深い。明治を通じて最大のお得意様だったのが、アメリカだ。前述のロシアと同時期、1894〜1900年にかけて平均16000トンも茶を輸出している。そのほとんどが緑茶だ。中国と日本の緑茶でアメリカの茶の輸入量の90％を占めていて、インドの紅茶の出番はない。ところがここから1910年にかけて、インドの輸出量がどんどん伸びていく。対して中国と日本の輸出量はさほど変わっていない。ここから読み取れるのは、北米においてもお茶の飲み方が東アジア式（緑茶）からヨーロッパ式（紅茶）

に変わっていったということだ。19世紀後半から20世紀前半の欧米諸国の貿易の状況を俯《ふ》瞰《かん》してみると、

・緑茶や片茶、紅茶など様々なスタイルが飲まれていた
・そこから第一次世界大戦の頃までに、ほぼイギリス式の紅茶に統一される
・緑茶や片茶を飲んでいた地域は茶が廃れコーヒーが優勢になっていく

つまり紅茶しか勝たん！　ということだ。紅茶の生産に力を入れていなかった日本は紅茶が得意だった中国とインドに敗れ去っていく運命だったんだね。その趨勢《すうせい》が決まる少し前、アメリカやカナダなどの北米圏に向けて緑茶を売り込むのに必死になっていた1906年には、日本が世界に誇るマスターピースが出版されている。岡倉天心《おかくらてんしん》の『茶の本（Book of Tea）』である。この本は最初から英語で執筆されている。古代の養生の茶から利休の侘び茶に至る日本の茶の美学を記したこの書は、日本独自の茶の湯の精神を伝える「思想の書」であると同時に、紅茶で国際競走に勝てない苦境のなかで書かれた「プロパガンダの書」でもある。イデオロギーをもって貿易戦争に打ち勝たん！　という日本茶業界のPR作戦として『茶の本』を読むと、また違う角度で日本の茶の湯の精神が見えてこないだろうか。えっ？　僕の見方が意地悪すぎるって？

寒くて乾燥したヨーロッパでは、自国内で大好きな茶を栽培することは敵《かな》わなかった。そこでインドや中国を植民地化して茶を、同じく植民地にしたカリブ諸島やアフリカから砂糖を運んで飲食と征服の欲望双方を叶えた。

いっぽう、アジアではいち早く近代化した日本は、欧米諸国の植民地になることは免れた。が、茶の貿易戦争では敗者となり、自国の茶がグローバル商品になることはなかった。しかし岡倉天心の茶の湯の精神は、国境を越えてわびの美学を世界中の人々に伝えている。茶の歴史を見てみると、何が成功で何が失敗なのか、簡単に決めつけることは困難だ。善悪を超越した諦《あきら》めと寂しさの境地、光と影のあわいに茶の精神は宿る。

茶の分類と製法

茶の来た道を見てきた後は、茶の分類と製法を整理してみよう。日本ではほとんどが緑茶なので意識しないのだが、実は色々な種類があるのだね。

■茶はチャノキの葉を加工してつくる飲料である

まずは基本的な定義。茶はツバキ科の植物チャノキ[*46]の葉を加工したものに主に湯を加えて飲む飲料。なんだけど、チャノキ以外の様々な植物や虫などを煎じる薬用茶もある。日本ではクロモジ茶や月桃茶、僕は中国で一度漢方の先生にセミの殻のお茶を処方されたことがある。その他、沖縄や中国のジャスミン茶やベトナムの蓮花茶のようにチャノキに薬

＊46　学名をカメリア・シネンシスCamellia sinensisという

草や香辛料などでフレーバーを付けることもよくある。フレーバーのバリエーションが断然多いのが、インド産紅茶。花や柑橘《かんきつ》を使った上品なブレンドはイギリスはじめヨーロッパで好まれ、香辛料やハーブを使ったスパイシーなブレンドはマサラチャイとして牛乳で煮出してインドの街角で親しまれている。

■発酵茶と非発酵茶

茶葉はそのままお湯に触れさせても、葉のなかの栄養物や香りが引き出されず全く美味《おい》しくない。そこで植物細胞を何らかのかたちで壊し、中の栄養物を引き出し、かつ成分を変質させて香りや風味を付加する加工を行わないといけない。その際、

①熱や乾燥、摩擦などの物理的な作用を加える
②茶葉自身に含まれる酸化酵素などの酵素作用を加える
③カビや乳酸菌など、微生物の発酵作用を加える

の3つを組み合わせて飲料としての特質をつくりだしていく。このなかで、①のみで茶の風味を引き出すものが「非発酵茶」。緑茶はこのカテゴリー。②と③の作用を加えたものを「発酵茶」に分類する。で、ここから先がややこしいのだが、僕の専門である発酵の基本定義は「微生物の酵素作用を使った加工技術」なので、フツーに考えると③しか

発酵茶とは呼べない。しかしお茶の領域ではなぜか②も発酵茶のカテゴリーになってしまう。おそらく「植物でも微生物でも酵素作用なんだから似たようなモンでしょ！」という発想なのだと思われる。なお酵素とは、化学変化を促す特殊なたんぱく質のこと。酵素が働くことで風味の変化や栄養成分の生成が促進される。地球上の生物は植物でも微生物でも何かしらの酵素を生成してエネルギーを得たり自分に有利な環境をつくりだす。

化学的に製法を分類すると、物理の力（熱を加えたり揉《も》んだり）のみでつくるのが非発酵茶の緑茶。①物理の力と②の茶葉の酵素の力を組み合わせるのが（お茶の世界で言われる一般的な）発酵茶であり、烏龍茶や紅茶など高級ブランドとして愛飲されるお茶の多くがこのカテゴリー。さらに発酵茶には③微生物の酵素の作用によるものもあり、食品や酒における「発酵」はこのカテゴリーに該当する。ややこしいね。

■茶の色と製法の分類

以上の前提をもとに主なお茶の種類を分類してみよう（番号は前の項目に紐《ひも》づく）

①緑茶

摘みたての茶葉を蒸すか煎《い》るかして熱を加え、葉を揉み込む（揉捻《じゅうねん》）ことで植物細胞を壊し、茶葉の風味を湯に移せるようにする。最初に熱を加えた時点で酵素が壊れ、酵素作用は働かない。茶葉は春の時期の若い一番茶が好まれ、カフェインも最も多く含まれている。抹茶は緑茶をブロック状に固めた片茶を引き砕いて粉状にしたもの。中国でも最も多く飲まれているのは緑茶であり、東アジアのスタンダードと言える。なお紅茶のイメージの強いインドにも緑茶はある。僕がインド東部で見つけた緑茶は花やスパイスが配合されたなんともエキゾチックなものだった。

②紅茶

摘んだお茶を干して萎凋《いちょう》させ、揉み込む。酸素に触れさせた状態で数十分から3時間ほど茶葉の酵素による発酵を行い、熱風で乾燥させて酵素作用を止める。緑茶と違って最初に熱を加えて酵素を壊さないことにより、栄養分を変質させることができる。中国やインドの現場を見学してみると、思ったより発酵時間が短いのにびっくり。場合によっては30分以下、ほとんど酵素を働かせないで仕上げるさっぱりした風味の紅茶もあった。それでも緑茶と違う飲み物になってしまう。茶葉は摘む時期により味わいが変わる。春摘みの一番茶はフレッシュさとカフェインの濃縮したインパクトの強さが際立つ。夏摘みの二番茶はまろやかな渋みとカフェインのおだやかさのバランスが良く、秋摘みの三番茶はカフェインの刺激が少なく、甘みの残るまろやかな味に仕上がる。

②青茶

摘んだお茶を干して萎凋させ、その後数時間茶葉の酵素を働かせて風味に深みを出し、熱を加えて揉み込む。強い揉み込みをしない状態で酵素作用を弱めに働かせるので、紅茶と緑茶のあいだぐらいの風味になる。青茶の代表格はなんといっても福建や台湾の烏龍茶。紅茶ほどの渋みやコクがないかわりに、繊細な香りが楽しめるのが特徴。マスカットのような果実の香り、金木犀《きんもくせい》のような花の香りがするユニークな銘茶が数多くある。中国茶ファンが熱を上げるのがこの青茶のカテゴリーである。

②白茶

摘んだお茶を干して萎凋させ、その後熱を加えて乾燥させる。他のお茶のように揉み込まないので、萎凋する時にごく弱く酵素作用が働くのみで、お湯に染み出す茶葉のうま味が少ない珍しい製法。一番茶よりさらに若い、産毛が生えた透き通った色の茶葉を使い、白湯《さゆ》のような透明なお茶に仕上げる。ほんのりした酸味や桃のような香りを感じる、背徳感のある味をしているのが特徴。

③黒茶

僕が最も得意とするカテゴリー。基本的な製法は緑茶と同じ。その後乾燥した茶葉にカビや乳酸菌をつけ、細胞から漏れ出た糖質やうま味成分を分解させて元の茶葉と全く違う味わいをつくりだす。微生物によってポリフェノールや窒素成分が分解されてしまうので、緑茶にあるような渋みやうま味が消失し、独特のまろやかさや酸味、キノコっぽい香りなどが生成される。緑茶や紅茶は新しいものが好まれるが、黒茶は圧倒的にヴィンテージが価値を持つ珍しいカテゴリーである。代表格は雲南のプーアル茶。しかし日本でも地方にひっそりと黒茶の系譜が根付いている。

富山の山村に根付く茶の起源

それでは章を締めくくる前に、茶の教科書に載っていないエピソードをひとつ。

千利休以来の磨き抜かれた「わび茶」が、日本茶における一見《いちげん》さんお断りの「表玄関」だとすると、文化人の住む街を離れて地方に行くと庶民の親しむフレンドリーな「勝手口」としての素朴な茶の文化が根付いている。富山県と新潟県の県境にある山村に根付く「バタバタ茶会」は、厳しい武家の茶とは全く違う、もうひとつの日本的な茶の湯の系譜だ。

富山県朝日《あさひ》町の蛭谷《びるだん》という集落で飲まれているバタバタ茶。緑茶主体の日本茶には珍しい、プーアル茶のように微生物の作用を利用した発酵茶だ。夏の盛りに摘んだ遅摘みの茶葉を、堆肥《たいひ》のように木枠のなかに固めて主にカビなどで発酵させる。高知の碁石茶や徳島の阿波晩茶[*47]のような乳酸発酵主体の発酵茶ともまた違う、キノコのような香りとうま味のあるお茶だ。このバタバタ茶、味もユニークなのだが、飲みかたがさらにユニーク。やかんでぐつぐつ煮出した茶を、やや口のすぼまった大きな茶碗に大さじ2〜3杯ぶんほど入れ、「夫婦茶筅《めおとちゃせん》」と呼ばれる、筆のような茶筅を2つ連結した謎デザインの道具で点《た》てる。[*48]

なんと！　抹茶ではなく発酵茶を点てるという、前代未聞の喫茶メソッドなのである。茶

*47　詳しくは拙著『発酵文化人類学』を参照

*48　中国湖南省でつくられている茯茶にやや似た風味

がこぼれないようにすぼまった茶碗のヘリに、幅の広い茶筅がぶつかるのでバタバタする。これが「バタバタ茶」の名前の由来だ。さてこの農村の発酵点茶、どのようなシチュエーションで飲むかというとだな。集落の寄り合い所に近所のお父さんお母さんが集まって毎日朝と午後に「バタバタ茶会」を開くのだ。僕もご縁があって、何度かバタバタ茶会に交ぜてもらっている。ファンシーなエプロンを着たお母さん、つなぎを着たお父さんが漬物やお菓子を持ち寄って楽しそうにバタバタ茶を点てている。「いったいいつからこのお茶会が続いているんですか？」とお父さんに聞いてみたところ、

「そうね。室町時代くらいからかな」

と衝撃の回答。バタバタ茶会の起源は、仏教に起因する。15世紀はじめ、浄土真宗《じょうどしんしゅう》を北陸に布教した高名な僧侶、蓮如《れんにょ》上人がこの地に布教で訪れた折に茶会を企画したのが始まりだという（発酵茶自体は蓮如上人があらわれる以前にすでに飲まれていたらしい）。説法だけでは反応しなかった忙しい農家たち。「お茶でも飲んで話しませんか？」と声をかけたらみんなが集まってきたそうな。これぞ茶の効能……！

こうして蛭谷集落に根付いた茶会は、もとは月ごとの法要の催しだったものが、現代では集落の共同体の無事を確認しあう場として毎日開催にアップデートされた。もちろん根本にある信仰心も健在だ。バタバタ茶会の席には、参加者がめいめいにお茶請けをつくっ

て持ち寄ることになっている。山菜や野菜の煮しめ、厚揚げに里芋の煮付け……素朴な山村の料理が並ぶのだが、肉や魚は一切使ってはいけない習わしだ。そう、これは精進料理なのである。抹茶代わりに発酵茶を点て、自家製の精進料理を食べながら仏に祈り、家族の無事を祈る。家庭の素朴なおもてなしで、一座の和を成す。千利休が理想とした「懐石」の精神が、バタバタ茶に宿っていると言えないだろうか？

中世に渡ってきた禅の茶は、日本では武家の「わび」の美学に昇華された。しかし富山の小さな集落に、僕は茶の湯のアナザーストーリーを見つけた。茶のふるさと、雲南西南部の黒茶と禅の点茶が融合した「農家の茶」。ここ蛭谷の集落は、時代を超えて異なる系譜の茶が混じりあったハイブリッド茶の湯のるつぼなのである。

バタバタ茶を点てると、茶碗のなかでカプチーノのような茶色い泡が立ち、甘いバニラのような香りが部屋に広がっていく。お母さんがバタバタと茶筅を動かしながら、「あなたどこから来たの？　漬物食べる？」と優しく話しかけてくれる。農作業の合間に、みんなで暖かい部屋に集まって茶会をするのが何よりの楽しみだという。バタバタ茶は嗜好品というよりは食事と合わせる味噌汁のようなもので、昔は塩を入れて飲んだりしていたらしい。厳しく研ぎ澄まされた武士の茶会とは違う、あたたかくて素朴なバタバタ茶会。茶が「道」になる以前の茶の愉《たの》しみが詰まった、思わず頬のゆるむ嬉《うれ》しい時間ではないですか……！

黒茶を点てるバタバタ茶。
精進のお茶請けを添えて

お茶と懐石の章の参考文献

Column

中国と日本のお茶を比較すると茶文化の奥行きがわかります。

●茶博物誌：松下智《まつしたさとる》

最強のお茶博士によるオールアバウト茶の傑作。気軽に読めるコラム集かと思いきや、いつの間にか茶の体系がアタマに入ってきます。

●喫茶の歴史／茶薬同源をさぐる：岩間《いわま》眞《ま》知子《ちこ》

嗜好品《しこうひん》でなく滋養強壮の薬としての茶の系譜を辿《たど》る一冊。

●茶の世界史　緑茶の文化と紅茶の世界：角山栄《つのやまさかえ》

近世～近代のグローバルお茶戦争の消息を追った古典。ついでに日本の欧米における商売下手《べた》も学べます。

●日本料理文化史　懐石を中心に：熊倉功夫《くまくらいさお》

中世から近世の和食の変遷を資料を具体的にあげながら掘り下げる内容。

その他、中国茶の基本を押さえるのに菊地《きくち》和男《かずお》『中国茶入門　香り高き中国茶を愉しむ』も役立ちます。日本茶の古典は順に。千利休『南方録』、山上宗二《やまのうえそうじ》『山上宗二記』、岡倉天心『茶の本』。

第六章

おすし

酸に魅せられ、山から海へ

神国の風味をとへば三杯酢

江戸中期から後期にかけて刊行された川柳集『誹風柳多留《はいふうやなぎだる》』に収録された一句。酢に酒や醤油《しょうゆ》、味醂《みりん》などを混ぜた三杯酢こそ「神の国の味である」と、ずいぶん酢を持ち上げた句だ。この句の裏には、中国の聖人のエピソードが隠れている。北宋（11世紀）の時代、蘇東坡《そとうば》・黄魯直《こうろちょく》・仏印《ぶついん》の三人が集まって桃花醋《とうかしゅ》という果実酢をチューチュー吸って「すっぱいねぇ」と眉《まゆ》をひそめた逸話があり、これが『三聖吸酸図』という図像で有名になった。蘇東坡は儒教、黄魯直は道教、仏印は仏教の代表的聖人。信仰が違っていても、酢は一様に酸っぱいという「世の真理」をあらわすものということになっている。ここから3つの異なるものが酢（酸っぱいもの）に合一するという「酢の三位一体論」が生まれ、うま味や甘味を足した普遍的調味料の三杯酢に飛躍していく。酢の説得力には、孔子（儒教）も老子《ろうし》（道教）も釈迦《しゃか》（仏教）も納得！　ということで「神国の風味をとへば」という理屈になるわけだ。

さてこの『三聖吸酸図』、複数の画人が傑作を残している。室町後期、海北友松《かいほうゆうしょう》の屏風《びょうぶ》

絵を見てみよう。酢を舐《な》めている蘇東坡の顔、江戸後期、

「うわっ!　めちゃ酸っぱい!」としかめっ面だ。江戸後期、葛飾北斎《かつしかほくさい》の描いた三聖はどうか。

「ぐふふ……これはなかなかウマいものじゃ……」となぜか悪代官顔でニヤニヤしている。

さらに江戸後期、仙厓義梵《せんがいぎぼん》和尚の描いた三聖となると、

「ひゃあああお酢おいしいぃぃぃ!　サイコー!」と今にも昇天しそうな満面の笑みである。中国故事から室町時代までの「うわっ……酸っぱい……」というしかめ面から、江戸後期の「やっほー!　めちゃおいしー!」というハッピースマイルへの変遷はまことに興味深い。実は日本では、室町後期から江戸時代にかけて「酸っぱいもの」に対する価値観が大きく変わった。そしてそのキーを握っているのは「酢」と「おすし」なのである。この2つが発展することによって「酸っぱいもの」があまねく庶民のグルメとなったのだ。

漬けものとしてのおすし

読者諸氏は「おすし」と聞くと、どんな食べ物をイメージするだろうか。おそらく大半は握った米のうえに新鮮な魚介ネタを載せて食べるそれを思い浮かべるのではないか。郊

外のロードサイドにある回転寿司《ずし》のお店から街場のお寿司屋さんまで、こんにち僕たちが食べるおすしの大半は「江戸前寿司」といって、江戸時代後期にできた比較的新しいカテゴリーだ。街場の寿司屋さんに入ると、職人さんが、

「らっしゃい！　何握りましょ？」

と声をかける。このように、現代風のおすしは「握る」ものだが、実は江戸時代まではおすしは「漬けるもの」だった。もっと端的に言おう。おすしとは「魚の漬物」。魚介を漬け込んで、ヨーグルトのように酸っぱくして保存性を高める。この酸っぱい魚の漬物がいかにして世界中のグルメを虜《とりこ》にする「江戸前寿司」になったのか掘り下げてみよう。

僕は仕事柄、日本全国の港をリサーチしまくる「漁港おじさん」だ。各地の港を訪ねてみると、日本海、瀬戸内海、太平洋、オホーツク海……と、それぞれの港でとれる魚介類の種類は様々。明治時代くらいまでは蒸気船やモーターのついた船は一般的ではなかったので、何ヶ月も遠洋に漁に出るのも難しい。ある季節、近海にあらわれる魚介をとる。シーズンには大量にとれるものが、ある時期を境に姿を消す。そして秋が深まる頃になると波が荒れ、漁に出られなくなってしまうことも。寒暖の差が激しく、潮目が複雑な海に囲まれた日本列島では、近代に入るまで漁業は季節の巡りに依存した、不安定な生業《なりわい》だっ

た。となると短期間に大量にとれる旬の魚介の加工が切実な問題だ。煮たり焼いたりだけではとても食べきれない魚を、どのように腐らないように加工するか。これが日本のおすしの起源である。

それでは話をおすし誕生の前段階から始めよう。人類の調理の歴史でもかなり古くに勃《ぼっ》興《こう》した魚の保存加工技術は、塩と醬油の章にも出てきた魚醬だ。小魚やアミなどを大量の塩に漬け込み、魚自体の酵素作用でドロドロに溶かし、その上澄みを調味料として使う。代表的なものにカタクチイワシの魚醬がある。これは日本では能登のいしる、ベトナムではニョクマム、タイではナンプラー、イタリアではアンチョビ（ガルム）だ。僕もベトナムの家族経営のニョクマム工場の取材をしたことがある。工場のすぐ裏の入江の水を網で掬《すく》うと小魚や小エビが山ほどとれる。それらを塩と混ぜて野外で数ヶ月発酵させ、上澄みをザルで濾《こ》す。この上澄み部分が魚醬になり、残ったドロドロのもろみの部分を分離して甕《かめ》で発酵させて味噌《みそ》状のペースト調味料にする。「どうやって使うんですか？」と聞いたら、炊き込みご飯の素《もと》に使うらしい。魚醬味噌を入れて米を炊いて、上にパクチーとかクレソンを載せて食べる。アンチョビも溶けた魚は具材に、ソースの部分は調味料として使ったりする。魚醬は塩と酵素の発酵作用によって、ただ煮焼きするだけではできない、魚介の長期保存とマルチな使いかたを可能にした発明だった。以前友人から、カメルーンのお土産で魚醬をもらったことがある。魚醬は非常にシンプルな加工技術なので、アジアやヨーロッパだけでなく、世界中で紀元前の古代に自然発生的に生まれていったのだろう。

鮨《き》は魚の醬《しおから》である
鮺《さ》は魚の蔵（貯蔵したもの）である
鮓とは鮺の俗字である

後漢の時代、1世紀〜2世紀の頃に編纂《へんさん》された古代の字書『説文解字』において、おすしらしきものの定義があらわれる。ここでは魚醬とすし（鮓）は区別されている。2世紀末に成立した儒教の経典『周礼』では「湖北省の鮓《すし》、山東《さんとう》省の蟹《かに》の醬《しおから》、これを奉るのは先祖への孝行である」と記載がある。3世紀に編まれた辞書『釈名』では、

鮓とは葅《つけもの》である。塩と米とで醸す

とあり、ここでついに「おすし」の原型があらわれてくる。『説文解字』『周礼』『釈名』の3つをあわせて考えてみるといくつかのことがわかる。まず1世紀頃には醬《しおから》と鮓《すし》が分かれている。この2つはともに西方から来ていて、醬《しおから》は四川《しせん》省や山東省、鮓が湖北省以西である。さらに鮓は塩に加え、米を使って発酵させるものである、と。
近畿地方にゆかりがある人はピンと来たのではないだろうか。これは滋賀名物、琵琶湖

のフナのなれずしの製法だ。少なくとも２０００年ほど前に、なれずしの製法がアジアで誕生していたのである。おすしの文化を体系化した古典『すしの本』で、著者の篠田統《しのだおさむ》氏は、

すしは、正真正銘の日本料理の代表的なものである、といい切りたいのはやまやまだが、残念ながらそうはいかない。（中略）元来は東南アジア山地民の料理法、否、米を利用した川魚や鳥獣肉の貯蔵法なのだ。

と力強く述べている。おすしと言うと世界に誇る日本の伝統料理、ＳＵＳＨＩ！　とされているが、中華世界の西の辺境で生まれた発酵保存食がその起源なのは間違いない。僕自身東アジアでなれずしを初めて食べたのは、中国雲南省のミャンマー国境付近。シャン族という山岳民族に伝統的ななれずし料理がある。鯉の内臓を取り除いて米と塩に漬け、乳酸発酵させる。酸っぱくなった魚肉を軽くソテーし、香辛料や香草類をまぶして食べる。ただでさえパンチのある風味のなれずしをさらに焼いて香りをブーストさせ、スパイスやハーブの香りを付け加えてしまうという、日本のなれずしとは別種の野趣あふれる料理だ。

もうひとつ。タイのネームという発酵ソーセージのつくり方を教えてもらったことがある。これも古代中国の鮓《さ》の末裔《まつえい》かもしれない。豚肉のミンチと蒸米、塩とニンニク、唐辛子などを混ぜてソーセージ状に成形し、常温で１～数日放置すると乳酸発酵が起こる。

酸っぱくなったミンチ肉を生のまま、あるいは軽く炙《あぶ》ったりして食べる。魚肉か豚肉かの違いだけで、米を入れて肉の乳酸発酵を促し、塩で保存機能を強化する方法論はなれずしと言って良さそうだ。『すしの本』でも「川魚や鳥獣肉の保存方法である」とあるように、鮓の起源は「あまねく肉を酸っぱくして長持ちさせるようにしたもの」だ。肉を醸した調味料「肉醬」や、豚肉でつくるだし「火腿《フオトエイ》」のように大陸ではどんな食材も肉を使うのだが、日本ではその当然の前提がすっぽり抜け落ちてしまう。これぞ文化バイアスである。

余談だが、漫画『封神演義』で、周国の君主である文王《ぶんおう》の壮絶なカニバリズム（食人）のエピソードが出てくる。殷の紂王《ちゆうおう》に捕まり人質にされた文王、釈放の代償として息子の肉を食べさせられる。漫画では息子の伯邑考《はくゆうこう》の人肉は、キューピー3分クッキング形式でハンバーグとして調理されるのだが、当時の慣例でいうと、どうも醬《しおから》として調理されていたのではないか……と僕はにらんでいる。当時、重罪人を処刑するのに「醢尸《かいし》の刑」という刑があり、体をバラバラに切り刻まれ、塩漬けにされるそうである。牢屋《ろうや》でなんかかぐわしい肉が出てきたな……と思ったら息子の肉を発酵させたものであった……！　というのはなかなかにショッキングだが、お腹を壊さないので衛生的には悪くはなかったのではないかと思う。なお『封神演義』の原作では、文王は釈放された後に息子の肉を吐き出し、その肉塊はウサギになって走り去ったとある。餅《もち》が鳥になって飛び去るのと似たような風情がある。そう考えてみると、もしかしたら文王の息子の肉は、塩に加えて米も一緒に乳酸発酵させてタイのネームのように餅（ソーセージ）状にして供された可能性もある。謎の肉餅を食べさせられた文王、口に入れて思わず顔をしかめる。

「うわっ……なにこれ、めちゃ酸っぱい……！」

「それお前の息子やで」

なんとか食べ終わると、ホストの紂王から衝撃の事実を告げられる。二重のショックに打ちのめされるゲストの文王。解放後、屈辱と悲しみのあまり肉餅（元息子）を吐き戻すと、吐瀉物《としゃぶつ》は真っ白なウサギとなって月に駆け上っていき、ウサギは臼《うす》で餅を搗《つ》いて、その餅は不老不死の薬となりましたとさ……。

海のおすしと山のおすし

ここで軽くおさらい。紀元前の古代に、魚肉を塩辛にする醤の技術が生まれた。そして中国の西方からミャンマー、タイなどの山間地かつ稲作地帯において魚肉に塩と米を合わせて乳酸発酵させるなれずしが生まれた。なれずし[*49]＝鮓が最初に発達したのは、魚介が豊富にとれる海沿いではなく、たんぱく質の確保に苦労した山間地帯だ。「しょっぱい」塩辛から、「酸っぱい」なれずしに移行した瞬間に「すし＝酸っぱし」の文化が生まれた。これが和食に欠かせない「おすし」の起源なのである。

＊49　日本でもなれずしの中心地は、海無し県の滋賀や岐阜

では舞台を大陸から島国の日本に移す。平安時代（10世紀後半）、朝廷への貢物リストである『延喜式』に「鮨」と「鮓」が登場する。おそらく中国式にそれぞれ塩辛となれずしのことを指しているのであろう。日本でも古代からすでにおすしの歴史が始まっているのが窺《うかが》える。鮨《しおから》は魚醤や塩辛となり、鮓《つけもの》はなれずしとなった。魚醤や塩辛が盛んなのは、北陸や東北などの沿岸部、対してなれずしは近畿や中国地方の川や湖沿いの土地。つまり鮨《しおから》は海の水が生み出す文化で、鮓《つけもの》は淡水が生み出す文化であると言える。現代のおすしは「鮨」の字を当てることが多いが、これは現代型の「江戸前ずし」が主に海の幸を握ったものである、という系譜が垣間《かいま》見えるようだ。

なれずし大国といえば海なし県の滋賀県。琵琶湖のほとりの近江八幡《おうみはちまん》にある三輪《みわ》神社にドジョウのなれずしという他では見られない超レアなれずしの文化が残っている。無数のどじょうを丸のまま米と塩のなかに漬け込み、半年強発酵させるシンプルなれずしだ。ポイントは、漬け床に蓼《たで》をまぶすこと。これにより、独特のハーバルな香りが付与され、米の漬け床がどじょうと同じグレーの色合い。できあがったドジョウずしは、全体的に黒ずんでいてぜんぜんおいしそうには見えない。黒ずんだモジョモジョの中からドジョウを何匹かすくって食べてみると、味もなかなかキワモノ……と思いきや、程よく酸味と塩味の効いた、思ったより臭みの少ない淡白ななれずしで、なかなかイケるではないか……！

さてこのドジョウなれずし。実は神饌《しんせん》なのである。毎年5月3日、三輪神社の春祭り

（五穀豊穣《ほうじょう》を祈る祭り）で神に捧《ささ》げ、その後参列者や身内の者で食べるならわしだ。漬け込みは前年の9月下旬。ドジョウを生きたまま漬け込む。「生きたまま」というのがポイントで、あくまで口伝ではあるが、古代に行われていた人身御供《ひとみごくう》（人間の生贄《いけにえ》）の名残ではないかとも言われている。三輪神社ではオーソドックスな神道が成立する以前から大きな白蛇を神として祀《まつ》っていたという。その大蛇に捧げる生贄、古代は人間であったものがドジョウに代替された……という若干トンデモな説に思える。しかし国家神道成立以前から白蛇の神が祀られていた、というのは長野県諏訪《すわ》にある神社界の大メジャー、諏訪大社もそうなのである。諏訪にも元日の朝に生け捕った冬眠中のカエルを串刺《くしざ》しにして生のまま神に捧げる蛙狩《かわずがり》神事という奇矯《ききょう》な神事が現存しており、これもはるか古代の人身御供[*50]の名残なのかもしれない。

料理の三角形と発酵したもの

神饌の規範で考えてみると、諏訪の串刺しカエルは明らかに「生贄」だ。では滋賀のドジョウふなずしはどうだろうか。焼いたり刻んだりして調理はしていないので「生贄」のようにも捉《とら》えられるが、漬け込んでいるので「贄《にえ》（熟饌）」のようでもある。どうもおすし（もっと言えば発酵）とは、生と調理の中間にあるものなのではないか？

文化人類学者レヴィ＝ストロースは『料理の三角形[*51]』と題された論考を書いている。生

＊50　生贄や人身御供についての詳細は後の章で

＊51　料理の三角形の図示

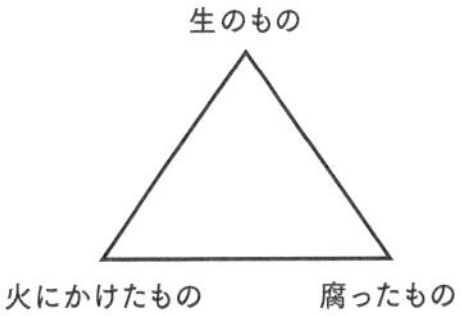

のものと火にかけたもの、そして腐ったもの。このトライアングルが、人間の文化的営みである「料理」の構造をなしていると考えた。生のものが何も手をかけない自然のままのもの。煮たり焼いたり火にかけたものは人間が手を加え食材を文化的産物に加工したもの。その2つの中間として、自然の手を借りて加工された腐ったものがある。生のものを頂点とし、人間が加工した火にかけたもの、自然が加工した腐ったものの2つが分岐して底辺を成す。

レヴィ＝ストロースの言う「腐ったもの」とは、日本的感覚で言うと「発酵したもの」である。発酵とはつまり、100％そのままのナマモノと、100％人為的な調理品のあいだにぶらさがった「自然と文化が混淆《こんこう》したもの」なのだ。そしてその構造を日本の食文化の起源に当てはめると、神饌における「生贄（生のもの）」と「贄（火にかけたもの）」のあいだにあるものが「鮓（漬けたもの）」なのだ（と、レヴィ＝ストロースがドジョウなれずしを目撃したら分析しそう）。自然と人工の二項対立からはみ出るトライアングルの端っこである「腐った（漬けた）もの」は、神饌として捧げられる時も、アマテラスのような由緒正しい天上神よりも、蛇神や人間に近い神さまに捧げられる傾向がある。

福井県小浜の田烏《たがらす》という集落に、サバのなれずしづくりの名人がいる。かつて若狭《わかさ》湾では夏の終わりから秋にかけてサバが大量に獲《と》れた。食べきれないサバを一度ぬか漬けにして1年ほど漬け込むことで生臭みを抜き、その後さらに米と塩に漬け込んでなれずしとする。淡水魚が主な日本のなれずしにおいて少数派の「海のなれずし」の代表格だ。海と山のあいだを通る細いヒモのような土地にわずかに人が棲《す》み着いた若狭の集落。秋の終わりになると日本海が荒れて漁に出ることができず、少ない田畑には霜と雪が降り、日照りもほとんどない。荒れた海と険しい山脈に囲まれ外の土地に移動することもかなわない。そんな厳しい陸の孤島の保存食としてサバの発酵技術が発達したようだ。なれずしの前段階であるサバのぬか漬けを地元では「へしこ」と言う。米の副産物であるぬかで漬けているので鮓《つけもの》と言えそうだが、味的には鮨《しおから》に属する、めちゃ塩辛い食べ物だ。サバの保存食というと、基本的にはこちらのへしこをご飯のお供か、酒の肴《さかな》として食べる。

ではへしこ＝鮨《しおから》を経由して鮓《つけもの》に仕上げる手間のかかるなれずしはいったいどのような時に食べるのだろうか？　サバのなれずし名人であり、民宿を営む森下《もりした》さんに質問してみたところ、

「お正月に歳神さまをお迎えする時に食べるものだ」

という興味深い答えが帰ってきた。どうやらサバのなれずしは民間に降りてきた神饌であるらしい。歳神さまとは、もとは古事記に出てくる「オオトシガミ（大年神）」。国治めの英雄であるスサノオノミコトと、農業の神であるカムオオイチヒメのあいだの子供だ。

母のルーツを受け継いだ農耕を司《つかさど》る神であり、新年になると民の家々に五穀豊穣を告げに訪れる、父ゆずりの放浪の来訪神でもある。しめ縄や市松の正月飾りは、この歳神さまを迎える依代《よりしろ》なんだね。サバのなれずしは正月飾りや鏡餅のように、来訪神を出迎えて、「お宅は今年、五穀豊穣ですぜ！」と約束してもらうための接待ツールなのだ。オフィシャルには神社で捧げられる供物を、各家庭でも捧げてしまう。海の恵みであるサバを二度も三度も漬け替えて、膨大な手間をかけて自然物と人工物のハイブリッドである「漬けたもの」に加工する。神への敬意を、加工にかける手間であらわす。おすしには古代から続く神饌の精神が継承されている。

正味1年半かけてつくる貴重なサバなれずしの味は、いかなるものであるか。へしこの段階でサバ特有の脂臭さが抜け、そこになれずしの乳酸発酵やうま味の凝縮が重なり、ほどよい脂味、ギュッと凝縮した魚肉のうま味、さっぱりした酸味からなる滋味深いハーモニーが口に押し寄せてくる。ちなみになまめかしい生のなれずしを軽く炙って食べるという隠しメニューもある。生のものと漬けたものと火にかけたもの、料理の三角形が1点に凝縮した罪深すぎる炙りなれずし、食べた瞬間思わずガッツポーズを決めてしまったよ。

おすしと麹の出会い

東アジアの山岳地帯から渡ってきた鮓《つけもの》は、香辛料やスパイスを使わないシンプルななれずしとして平安時代頃には日本に定着した。そして中世に独自の進化を遂げることになる。

鍵《かぎ》を握るのは、麹《こうじ》だ。麹を使って魚介を漬け込むことで、より日本人の口に合う繊細なおすしが生まれる。麹を使って漬け込むおすしのことを「いずし（飯寿司）」と言う。

福井のお隣、石川・富山に「かぶらずし」というローカルずしがある。なれずしがより日本的に進化したものだ。扁平なかたちの在来カブ（アオカブラ）、ブリの切り身、人参《にんじん》や昆布を塩漬けにして水気を抜く。カブでブリの切り身や野菜をマフィンのように挟んで、そのマフィンを米麹に漬け込む。やがて具材の水分と米麹が混ざり合い、食材のでんぷんやたんぱく質が分解されて麹が甘酒状になり、なれずしの乳酸発酵と麹の発酵が混ざりあった甘酸っぱいおすしができあがる。なれずしと比べて格段に塩気が少なく、甘味やうま味が際立つ上品な味わいだ。塩気が少なくて雑菌汚染を招きやすいぶん、冬場の寒い環境で注意深く発酵を管理する。基本的には、お正月過ぎには食べきってしまう季節の風物詩だ。江戸時代に高級料理として考案されたものらしく、ブリや麹など当時では貴重な食材を大量に使うため、親類や貴賓への贈答品として重宝される。21世紀の現代でも現役バリバリのギフト品で、冬になるとお母さんたちが県外の親類にかぶらずしを送る光景は北陸の風物詩。かぶらずしを受け取った子供たちは、甘酸っぱいおすしをかじって、

「春休みには実家に顔出すか……」

と故郷を想うのである。ちなみに送り元のお母さんは、かぶらずしではなく「だいこんずし」という別のおすしを食べる。かぶらずしのカブを大根に、ブリの切り身を身欠きにしんに変えた、安価な食材で漬けたカジュアルいずしだ。家族やお客さんには高いものを食べさせ、本人は安価なもので良しとする。

「なんという謙虚さ……！　おっかさん、オレらは気にせず美味《おい》しいもの食べておくれよ！」

心配ご無用。だいこんずしもかぶらずしに劣らず、にしんの程よくこなれた脂味と大根のシャキシャキ食感のコンビネーションがたまらない、めちゃ美味しいおすしなのだ。

だいこんずしに使う身欠きにしんは、江戸時代以降の北海道開拓のもたらした食材だ。北海道南岸で膨大に獲れるにしんは、内臓を抜いて干物にし、北前船に載せて本土に運ばれた。庶民でも気軽に食べられる魚として北前船の海運ルートで普及した。京都のにしんそばがその典型例。江戸から明治初期にかけて、身欠きにしんは西側日本における庶民の食材の代表格になった。膨大にとれるニシンは煮固めて「にしん粕《かす》」という肥料にも使う。江戸時代は農業の生産性が大幅に上がった。その一因は、大量のにしん粕を農地に撒《ま》くことで、田畑の窒素分を豊かにしたからだ。にしん貿易の拠点となった富山県高岡《たかおか》市の、江戸末期頃の長者番付の資料を見てみるとにしん粕業者が上位に名を連ねている。彼らは今

北陸のかぶらずし

でいう農協（農業資材を卸して営農指導をする）のような存在だったのだ。富山・石川のだいこんずしには、にしんで賑《にぎ》わった北陸海運の名残が留《とど》められている。

保存性か、食べやすさか

いずしとなれずしを比べてみよう。いずしは塩分が少なく、発酵期間も比較的短い。保存性が低いかわりに、うま味や甘味が強くてわかりやすく美味しい。この「保存性と美味しさのトレードオフ」が、日本におけるおすしのターニングポイントだ。もともと魚肉の保存食だったおすしが、飯寿司あたりから「おいしいご馳走《ちそう》」になる。つまり嗜好品《しこうひん》としての価値を取るかわりに、実用性を捨てていくという本末転倒が進行していくんだね。「めちゃしょっぱく、めちゃ酸っぱい保存食」から「程よくうまくて、程よく酸っぱい嗜好品」としておすしは、ローカルな郷土食から日本を代表するグルメへと成長していく。

江戸時代後期、18世紀後半から僕たちのよく知るおすしがいよいよ登場する。塩《しおからなれずし》も米も麹《いずし》も使わず、酢を使うおすしの登場だ。塩や米や麹に漬け込むことで、魚は乳酸発酵して酸っぱくなる。強い酸によって腐敗をもたらす菌をブロックして保存性を高める。生の魚肉に酸が加わると、生臭さと脂っぽさが中和されて格段に食べやすい。「酸っぱい」は素晴らしい。しかし乳酸発酵には時間がかかるし、漬け込みの管理をサボると臭くなる。だったら、調味料でダイレクトに酸っぱくしてしまえばいいのでは？……というような発想により、おすしは長期間仕込み、長期間保存の食べ物から、短時間仕込み、短時間保存のファストフードへと変容していく。

それではいずしの次のステップを具体的に見ていこう。近い場所に山と川、海が入り組む三重や和歌山（紀州）にはクラシックすしとモダンすしのブリッジになる「押しずし」の文化がある。炊いた米に、お酢や砂糖、塩を混ぜて酢飯をつくる。魚は主にさんまを使う。生のさんまを軽く塩漬けし、その後酢に1～数時間ほど漬けておく。四角い木の箱の底にハナミョウガの葉を敷き詰め、酢飯を入れる。酢飯の上の段に、酢漬けのさんま、人参やサヤエンドウ、しいたけやごぼうなどを敷き詰めていく。各食材の色が帯状になるようにキレイに配置するのがポイントだ。みょうがの葉・酢飯・具材のサンドイッチを3～5層ほど積み重ね、上から重しをして数時間～数日漬け込む。その後、包丁で角形に切り分けてみんなで食べる。箱から取り出すと、色とりどりの具材が歌舞伎の定式幕《じょうしきまく》のような鮮やかな模様となり見目麗しい。SNS映えしそうなオシャレなおすしなので、親族や友人の集まるハレの日のパーティ食として完璧《かんぺき》だ。

前述のかぶらずしと押しずしを比べてみよう。一番大きな違いが「お米を食べる」という点だ。いずしまでは、米（と米からできた麴）はあくまで漬け床の材料であり、本体は魚や野菜などの具材である。しかし押しずしでは、米も料理の一部としてちゃんと食べる。なれずしやいずしでは、米や麴は漬け込みの発酵のなかでデロデロに溶けてしまい、臭いや酸味もえげつない。しかし押しずしでは乳酸菌はじめ微生物の発酵はほぼ起こらず、酸味やうま味は調味料でつける。なので米もその原型を保ったまま具材のひとつとして味わえることになるのだ。この時、食いしん坊の民はこう思ったに違いない。

「酸っぱい魚と米を合わせると、とんでもなく美味いではないか……！」

酸味は菌による発酵ではなく、調味料の酢で直接つける。米は漬け床ではなく具材として魚と一緒に食べる。漬け込み期間はなるべく短く済ませ、長期漬け込みによる具材のデロデロ化がなくなるので見た目を美しくデザインすることができる。もはやアジアの山岳地帯のハードコアなれずしの面影はほぼ消え去っている。

さらに次のステップ。鳥取県の山間部に伝わる柿の葉ずしを見ていこう。海から川へ遡《そ》上《じょう》してくるマスを軽く塩漬けにしたのち、酢で〆《しめ》る。酢飯でマスを握り、柿の葉の上に載せる。これを木《き》桶《おけ》のなかに敷き詰め、数時間〜数日熟成させたのちみんなが集まる宴席で食べる。葉の緑、飯の白、具のピンクが目に鮮やかで可愛らしい。鳥取県智《ち》頭《ず》町のおすし名人、勝子《かつこ》おかあさんのつくる柿の葉ずしは、トッピングに山椒《さんしょう》の実をおすしの上に載せるスタイル。軽やかな酸味と甘味にぴりっとしたアクセントが効いた実にセンスの良いおすしに仕上がっていた。様々な具材を使い、木の型に入れて重しをして漬け込む押しずしに比べ、鳥取の柿の葉ずしは材料も製法もシンプル。もはや「漬け込む」という工程すら捨て、具材と米をギュッと握っておしまいだ。そう。この柿の葉ずしにおいて、

・乳酸発酵させずに酢を使う
・米を具材と一緒に食べる
・漬け込まずに握る

という現代型おすしの要素がほぼコンプリートされているのだ。この可愛らしいおすし、どんな時に食べるのか？　と勝子おかあさんに聞いてみたところ、

「お盆の終わりの精進落しとして食べる」

とのこと。日本の農漁村では、お盆の時期になると海や川からご先祖様が帰ってくると信じられてきた。この時期になると、村人は水辺から漁に出ること、魚肉を食べることをやめる。熱心な仏教徒でなくとも、肉も魚も食べない精進食にするのがお盆の慣習だ。ご先祖様を無事水辺の向こうに送り返したのちに、

「みんなおつかれ！」

とお盆の苦労を労《ねぎら》っておすし＝動物性たんぱくを食べるのが精進「落し」なのである。この鳥取の集落では、柿の葉ずしはお盆の直前に仕込んでお盆の終わりと同時に食べていた。数日間保存できればOKだったので、酢漬けの握りずしでじゅうぶんだったのだろう。

福井のサバなれずしと、鳥取の柿の葉ずしを比べてみると興味深いことに気づく。サバのなれずしは「歳神さまへのお供え」だったが、柿の葉ずしは「ご先祖様を送り返した後の精進落し」だ。前者が神饌として「神さま側」に属しているのに対し、後者は儀式を執り行う楽屋裏の食事として、「人間側」に属していることにお気づきだろうか。微生物による発酵の比重が軽くなるほど、おすしは神さまのもの＝神饌から、人間のもの＝料理に近づいていく。レヴィ＝ストロース風に言えば、「自然」から「文化」のカテゴリーに移行していく、ということだ。おすしが微生物の発酵によって「漬け込む」ものから、人間の手によって「握る」ものになっていく。そこにはおすしを巡る人類学的コスモロジーが隠されているのだ。

酒ビジネスの隆盛と高まるお酢の需要

「漬け込む」すしが「握る」すしになるために欠かせないのが、お酢の存在だ。モダンなおすしの成立には、高品質なお酢の製法の確立が必要だった。お酢の組織的な大量生産が盛んになったのは、江戸時代初期〜中期頃のこと。契機となったのは徳川家康による江戸開府だ。人工100万人の大都市が急速に発展し、住人の大半が武士や商人などの「非生産者」だったこともあり、日本史上はじめての巨大消費地が生まれた。このタイミングで関西や東海において、江戸に納品する酒の大量生産が始まる。CMでよくみる菊正宗《きくまさむね》や月桂冠《げっけいかん》などの関西の大手酒蔵はこの頃から勃興した。それまで神社仏閣で神儀のために少量生産していた酒が、企業が大量生産して消費者に売って大儲《おおもう》けする「産業」になったのだ。

「えっ？　酒がお酢の発展と何の関係があるわけ？」

それが大アリなんだよ。お酢の原料は酒だからね。
酒のアルコールを、酢酸菌というバクテリアが食べて酢酸という強酸性の、むせてしまうほど強い酸に変えたもの。これがお酢の基本原理だ。アルコールを含む液体であればどんなものでもお酢にできる。ワインをお酢にしたものがワインビネガー（なおフランス語のＶｉｎａｉｇｒｅは、Ａｉｇｒｅ酸っぱいＶｉｎワインという意味なのでワインビネガーは「頭痛が痛い」的表現）。ビールのもろみをお酢にしたものがモルトビネガー、そして日本酒をお酢にしたものが米酢。この米酢が日本のお酢のスタンダードだ。
江戸時代になり、お酒が産業として成立することで、酢もまた産業化への道が開かれた。それ以前の室町時代までは、今僕たちが口にするような高品質な酒は一般流通していなかった。なので当然手軽に使えるお酢もまた流通することなく、手づくりのどぶろくや果実酒を酸っぱくした、産業化するには品質がマチマチなＤＩＹ酢しかなかっただろう。この状態ではモダンなおすしは成立しようがない。

江戸時代中期頃になると、兵庫の灘《なだ》や京都の伏見、広島など現在まで続く酒の銘醸地が誕生する。それとともに、お酢を製造するメーカーも増えていく。酒をさらに加工したお酢は、当時はかなりの高額商品、お酢づくりは儲かるベンチャービジネスだったのだね。広島県尾道《おのみち》に、尾道造酢という創業４００年を超える老舗《しにせ》メーカーがある。ここの蔵のバックヤードを訪ねた時に、北前船にお酢を載せて北海道の利尻《りしり》や樺太《からふと》まで運んでいた記録を見つけて驚いた覚えがある。江戸時代のお酢は、食用以外にもニーズがあり、その代表格が藍染《あいぞ》めをはじめとする衣料の染色だ。植物の色素を布地に定着させるために強い酸が必要なのだね。藍染めが産業化したのもまた江戸時代に入ってからなので、酒と酢と藍染めは一蓮托生《いちれんたくしょう》の高付加価値ビジネス[*52]と言える。

赤酢と握り寿司

そして江戸時代後期。おすし界を揺るがす大革新が愛知県知多《ちた》半島で起こる。酒粕《さけかす》を使ったお酢の発明だ。江戸から現代に至るまで、兵庫や京都、広島などの関西圏が江戸へ納入する酒づくりの主要産地だ。しかし昭和のはじめころまで、関西と江戸のちょうど中間に突き出た愛知県知多半島もまた巨大な酒の生産地だった。関西よりも江戸に近い知多のほうが低コストで酒を運搬できるからだ。醤油や昆布と同じ現象が、酒や酢でも起こっ

＊52　ちなみに江戸時代の長者番付の上位には酒・酢・藍染めの事業主が頻繁にランクインしている

たわけだ。そこでクオリティで勝負する関西酒に対して、コスパで勝負する知多酒（関西と江戸の中間なので中国酒とも呼ばれる）が勃興。知多の有力商家、中埜《なかの》家（今のミツカン）が酒を絞る時の副産物である酒粕から製造する粕酢を開発する。それまで主流だった、酒そのものからつくる米酢よりも、酒の副産物である粕からつくる粕酢のほうが圧倒的にコスパが良い。普通だったら捨ててしまうものを原料にするわけだからね。

中埜家が19世紀中頃に開発した粕酢、いったいどんな製法だったのだろうか。まず日本酒を絞った後に残る酒粕を最低1年以上長期熟成させる。すると粕の色が、味噌のような濃茶色に変化し、同時に味も甘味とうま味が増してまろやかになる。この熟成した粕に水を加えると、お酢づくりにちょうどいいアルコール液（度数4～5度）になる。この粕もろみ液に酢酸菌をつけて発酵容器に仕込み、ゆっくりと酢酸発酵を行う。この時にもろみ液をかき混ぜたりすると風味を損なうため、容器内が揺れることのないように静かに発酵を待つ。するともろみ液の表面に酢酸菌の呼吸によってできた薄い膜があらわれ、やがてもろみ液全体が静かに対流をはじめ、容器内全体に酢酸菌が呼吸するための酸素が行き渡る。こうして数ヶ月間かけて発酵・熟成させていく酢の製法を、静置発酵と呼ぶ。熟成させた酒粕のもろみ液を静置発酵させた粕酢は、それまでの米酢と違って艶《なま》めかしいルビーのような赤色をしており、ツンとくる酸味よりもうま味や甘味を感じるまろやかな風味が特徴だ。章の冒頭に出てきた三杯酢のごとく、粕酢はお酢単体で醤油や味醂《みりん》などを足したような複雑な味わいを持っている万能調味液なのである。しかも原料費も安く、庶民でも手の届く高コスパ。便利で安くて大量に流通できる。知多半島で突如起こったこのイノベーションが、江戸のすし文化の普及を促した。それまで高級品だった米酢にかわって、手頃な粕酢が使えるようになり、すしが庶民にも手の届くファストフードになったのだ。近海や江戸湾の汽水域で獲れる魚介を〆て、粕酢につけた赤い酢飯に載せる。そこにさらに同じく江戸時代に普及したキリッとドライなこいくち醬油をつけて食べる。米の精米技術が発達して白米が一般的になったのも江戸時代中期以降であることを考えると、江戸前ずしは近世日本の食のイノベーションが幾重にも重なった象徴的な食べ物であると言えそうだ。

この粕酢が生まれた知多半島、半田《はんだ》のお寿司屋さんで江戸時代のものを再現したおすしを食べたことがある。この時代のすしは「早ずし」と呼ばれ、発酵によって酸味をつけた「なれずし」に対置されていたことが窺《うかが》える。寿司桶に盛られた一人前のネタはわずか5~6個。しかし僕は全てを食べきることができなかった。なぜならシャリ（飯）の量が尋常じゃない！　現代の江戸前ずしのシャリの量はだいたい15g前後なのだが、江戸時代は40~50g。現代の2・5~3倍のメガサイズである。6貫を完食すると、茶碗《ちゃわん》2杯分近くのご飯を食べたことになる。穴子はみっちりタレに漬けてあり、コハダもかなり強めに〆てある。このネタに粕酢たっぷりの酢飯を合わせるのだから、さらに醬油を足したら味が過剰になりすぎる。感覚としては、おすしを食べているというより、酸っぱいおにぎりを頬張っている感じだ。現代と江戸時代の江戸前ずしを食べ比べると、とても同じカテゴリーのおすしとは思えない。肉体労働が多かった江戸時代の庶民、現代人とは比べものにならないほど炭水化物が必要だったのでしょうなあ……。

酸っぱしは、尊し

乳酸発酵による酸味に保存性があることがわかり、やがてそこに麹が加わり微生物の酸味と魚介のうま味、麹の甘味の三位一体が生まれる。流通技術の発達とともに、保存性と新鮮さの天秤《てんびん》が新鮮さに傾き、やがて食材自体を発酵させることをやめ、発酵によって生み出された酢や醤油を使うことで、酸味やうま味を損なうことなく、新鮮な美味しさが結晶化したグルメが生み出された。これが「すし＝酸っぱし」の美学が辿《たど》った変遷だ。

近代以降のおすしの歴史は、読者の皆さまの想像どおり。食材の流通・保存技術の発達とともに江戸前ずしがおすし文化の主役として全国津々浦々に広がっていった。時代が下るとともに、シャリは小さくなり、ネタもタレや酢に漬け込んだものよりも、生のままの新鮮なものが好まれるようになる。遠洋で釣ったマグロを冷凍して運び、脂の乗ったトロの部分を切り出してシャリに載せ、キリッとしたこいくち醤油に浸して食べる……こんなモダンなおすしの王道は、新しいテクノロジーに支えられて成り立っている食文化なのだ。いっけん見る影もないが、ちいさなシャリにほんのり感じる酸っぱさに、おすしが辿ってきた長い長い歴史の歩みが隠されている。東アジアの山岳地帯で生まれた保存食が、ここ日本で世界のグルメを唸《うな》らせる繊細な料理として花開いた。しかし地方の小さな集落を訪ねると、江戸前ずし「以前」のおすしの文化が今日でも息づいているのがわかるはずだ。

僕の住む山梨県は、海なし県なのにやたらおすし屋が多い土地として知られている。しかしこの章を読んだ読者の皆さまにはわかるはずだ。山梨県におすし屋が多いのは、海なし県「なのに」ではなく海なし県「だから」。すしがそもそも「魚介の保存食」のルーツを持っていることを思えば、海から離れている場所におすしの文化が花開くことは不思議ではない。山梨の古くからある街場のおすし屋さんに行くと、ひと手間かけて漬け込んだネタに、大きめのシャリを合わせるクラシックな江戸前ずしの面影を残すおすしを味わうことができる。カウンターに座って僕が最初に頼むのは、シメサバ。シメサバにはおすしを「漬ける」文化の名残がある。サバというごくごく普通の食材を、酢に漬け込むことで魔法のように美味しくする職人の腕が試される、定番にして究極の一貫だ。一口噛《か》みしめるとジュワッと滲《にじ》み出てくる酸味とうま味には、古代から続く「すし＝酸っぱし」の美学が詰まっている。

酸っぱしは、尊し。

おすしの章の参考文献

Column

魚を発酵させた保存食として生まれたおすしが、日本を代表するグルメへと変容していく過程を追った章。実はおすしの本はほとんどが現代の江戸前ずしを扱ったもので、それ以前の発酵ずしや郷土ずしの参考文献の数はそこまで多くありません。

●すしの本：篠田統《しのだおさむ》

江戸前ずし「ではない」おすしを紐解《ひもと》きながら、おすしの系譜を体系化した素晴らしすぎる名著。郷土ずしの豊富な実例が載っているのもありがたい。

●中埜家文書にみる酢造りの歴史と文化シリーズ

酒粕酢を開発し江戸前ずしの着火点となった中埜《なかの》家（現ミツカン）の資料をもとに近世〜現代の酢の製法と歴史的背景をまとめた貴重なシリーズ。全5巻のうち1〜2巻が専門外の人にも汎用性《はんよう》あり。

他にも鉄の胃袋を持つ食の民俗学者、石毛《いしげ》直《なお》道《みち》さんの著作にも発酵ずしの記述が頻出します。東アジアの系譜のなれずしを知りたい方はぜひご一読あれ。

第七章

粟・豆・麦・芋

正月が半年ずれる？　ウラの食国へようこそ

古事記の英雄神、スサノオの神話に奇妙なエピソードがある。天上界を追い出されて放浪している時に、オオゲツヒメという食物を司《つかさど》る女神に出会う。豪華な食事を振る舞ってもらったスサノオ、どのようにこんなご馳走《ちそう》を用意したのか……？　と不審に思って料理の様子を盗み見すると、オオゲツヒメは口や鼻、尻《しり》など体中の穴から食材を取り出して料理をしていた。

「そんな汚いものを食べさせるとは何事か！」

と激怒したスサノオはオオゲツヒメを殺した。すると彼女の死体から、

於頭生蠶、於二目生稲種、於二耳生粟、於鼻生小豆、於陰生麥、於尻生大豆
(頭からは蚕、目からは稲、耳からは粟《あわ》、鼻からは小豆《あずき》、陰部からは麦、尻からは大豆が生えた)

とある。死体の穴から穀物が出てくるなんて何とシュールな！　と思うが、これは世界

各地に見られる神話のアーキタイプのひとつなのである。ドイツの文化人類学者、アードルフ・イェンゼンがインドネシアのウェマーレ族を調査した時に同様の神話[*53]を記録している。曰《いわ》く、集落にハイヌウェレという、尻から外国製の銅器の宝物を出すことのできる少女がいた。この能力に恐れおののいた村人は、祭りの時に少女を殺してバラバラにして土に埋めると、死体の断片からヤムイモやタロイモが生えてきたという。このような神話がアジア各地や南米に分布していることから、人神の死体から作物が生えてくる神話の型を「ハイヌウェレ型神話」と名付けた。文化人類学では有名なトピックスだ。

芋の栽培をしたことのある人ならおわかりの通り、芋を半分に切って土に埋めるとそこからたくさんの芋が収穫できる。おそらく「バラバラにして埋める」という作物の特性が神話化したと推測される。このアーキタイプが伝播《でんぱ》した日本では、芋よりも穀物の栽培がメインだったのでディティールが変化した（バラバラ死体→穴から穀物が生える）のだろう。

オオゲツヒメの死体の穴から出てきた穀物が稲だけでないことに着目されたい。粟や麦、豆も稲と並列で扱われている。スサノオが放浪していた日本のあちこちでは、米だけを主食とするのではなく、様々な雑穀や豆を栄養源としていた。奈良時代初期に成立したとされる『備後国風土記』[*54]では、スサノオが放浪中に宿を求めた蘇民将来《そみんしょうらい》が、粟飯を振る舞ったというエピソードがある。徳島県西部にはオオゲツヒメを祀《まつ》った、その名も上一宮大粟《かみいちのみやおおあわ》神社がある。徳島は古代「粟の国」と言われ、それが後年「阿波の国」となったとされる。

＊53　この神話の謎にさらに踏み込み、食物の消化吸収のメカニズムと関連させた民俗学者の赤坂憲雄《あかさかのりお》の論考がある。とても興味深いので気になる方はご一読あれ

＊54　広島北西部周辺に伝わる神話集

瀬戸内海を囲む土地では雑穀が主食として重用されていたのだろう。桃太郎伝説で有名な岡山の吉備津《きびつ》神社では今でも神饌《しんせん》に粟やキビを奉る。あ、桃太郎といえば……「きび」だんご！

食物の神さまとしてもう一人有名なのが、京都の伏見稲荷神社に祀られる女神、ウカノミタマだ。[*55]「塩・醤油」の章に登場した塩づくりの夫婦、イザナミ・イザナギの娘とされている（スサノオの娘という説もある）。彼女は「五穀豊穣《ほうじょう》」の象徴なのだが、この五穀が「稲・麦・粟・豆・キビ」なのである。五穀の「五」は中国漢方を勉強した人ならおわかりの通り、中国の陰陽思想で重用される数字だ。大陸から古代思想が持ち込まれた時の名残だろう。中国では長江以南の暖かい平野では稲をつくり、山間地では雑穀をつくり、北部では麦をつくり……と土地にあわせて様々な穀物を作り分け、必ずしも稲作中心というわけではない。長江以北の餃子《ぎょうざ》の皮は小麦粉、長江以南の餃子の皮は米粉が多い。高い山の上では雑穀を醸した焼酎《しょうちゅう》を飲んでいる。日本でも神話時代の黎明《れいめい》期は中国式の「五穀並列」で、やがて平野が多く湿潤な近畿へと中央集権が進むうちに、オフィシャル穀物が稲に統一されていったのだろう。裏を返せば、稲以外の主食を考えるということは、中央集権の外側の食の原型を知るヒントになるのだね。

大麦と麦飯

僕の母は、佐賀の玄界灘《げんかいなだ》に面した小さな漁村の生まれだ。子供の頃の食の思い出を聞くと、

＊55　これも古事記と日本書紀で定義が違うんだよ。ややこしい～

「麦飯の弁当を学校に持っていくのが恥ずかしかった」

と言う。ホワイトカラーで比較的裕福な子供は、白米の弁当を持ってきていて、それが羨《うらや》ましかったそうだ。はやくから稲作が広まった近畿・東海地方と違い、九州の海沿いでは米はつい最近まで贅沢品《ぜいたくひん》だったのだ。仕事で様々な土地を巡って地元のおじいおばあに話を聞くと、庶民が日常的に白米を食べられた地域のほうがレアだったりする。食国《おすくに》の中心から遠く離れた九州エリアでは、大麦が大事な食材だった。

母が子供の頃に食べていた「麦飯」とはどのようなものかというと、大麦*56を米のように炊いて食べるシンプルな主食だ。大麦は米や小麦よりもカタいので、他の穀物と混ざると炊きあがりにバラつきが出る。なので基本的には麦だけで炊く。2〜3割の米を混ぜて炊くこともあったらしいが、米がお粥《かゆ》のようになってしまうので食感はあまり良くなかったはずだ。大麦はもともと西アジアの乾燥地帯でつくられるようになった作物だ。かつてシャングリラという、チベットの入り口のエリアで農家を訪問した時のこと。ツァンパというハダカムギ*57を焦がした粉をヤクのバターや乳で練ったおねりのようなものを食べた。このように大麦を主食にする場合、ほとんどは焼いたり挽《ひ》いたりして粉にして練って食べる。日本のようにビシャビシャに炊いて食べるスタイルは珍しい。日本人は麵《めん》やおねりの

＊56　大麦には食用の六条大麦と、ビールや焼酎に使う二条大麦がある。本書では、大麦＝六条大麦とする

＊57　大麦の原種に近い小粒の麦

ような「麦を練る」というテクを自分では思いつかず、遣隋使・遣唐使や禅宗の伝来によってようやく麦を麦らしく加工しはじめたようだが、それも限定的な用途だった（パンに至っては近代に至るまで登場しない）。なぜかというと、麦が庶民にとっての「米の代用作物」だったからだ。つい最近まで、大麦は大麦だけで独立して育てるのではなく、米の二毛作として栽培していた。[*58] 元々チベットのような乾燥して冷涼な土地で栽培されていたので、米の収穫が終わった冬の時期に育てることができたのだ。貧しい小作農は育てた米を年貢として納めなければいけない。米はお上に差し上げる用。そして裏作でつくる大麦は自分たちで食べる用。ツヤツヤに輝く白米を「いいなあ……」と眺めながら、茶色い麦飯を食べていたのだ。これが母の「麦飯が恥ずかしい」という発言につながるのだね。

なお中世では非情な領主が、

「大麦も同じ田んぼからとれたものなのだから、年貢としてよこせ！」

と要求したこともあったそうだが、中世の荘園の出納記録では、麦は年貢の候補に挙げられていない。「麦まで取られたら生きていけねえ！」と農民たちは頑として反対したのだろう。江戸時代に入ると、都市に住む庶民も白米を食べるようになったが、今度はビタミンB1不足で脚気《かっけ》になり、命を落とす人が続出した。現代では健康志向の人たちが玄米に押し麦や雑穀を混ぜて炊いたりするようになったが、一昔前の田舎の人から見ると不思議

＊58　九州北部では今でも二毛作をしている地域も

な現象だろう。江戸幕府を開いた徳川家康は質素を美徳として麦飯を食べていた。米ではなく麦を食べたのが長生きの秘訣《ひけつ》だったのかもしれない。

大麦は主食以外にも用途がある。その最たるものは、茶と麹《こうじ》である。麦茶は殻がついたまま炒《い》った麦をお湯で煮出して飲む。茶葉[*59]は近世に至るまで高級品だったので、かわりに麦で茶を煎《せん》じていた。精麦しなくてもいいので楽ちんだったはずだ。麦茶は喉《のど》を潤す用途だけではなく、粥にも使われた。麦茶で大麦を煮て粥にするのである。佐賀の祖父母の家では、素麺《そうめん》（小麦）か麦飯（大麦）に麦茶をかけて食べるのが定番だった。

麦の麹は主に味噌《みそ》の仕込みに使う。稲作が限定的だった九州・四国では米のかわりに麦にコウジカビを生やして麹にする。麦麹に大豆と塩を混ぜて醸す麦味噌は、米味噌よりも発酵がはやく、甘味が強い。本州で標準の米味噌が、コクや辛味を重視するのとは正反対だ。麦味噌は、根菜類や魚のアラを入れた具だくさんの味噌汁によく合う風味。愛媛県宇和島では、大豆すら使わず大麦麹に塩を混ぜた「麦の塩麹」ともいえる麦オンリー味噌がつくられている。レモンのような酸味があって軽やかなおいしさだ。僕の住む山梨でも、麦麹の文化がある。「味噌」の章でも紹介した、麦と米の麹を混ぜて仕込む、武田信玄印の甲州《こうしゅう》味噌だ。稲作リッチでない地域では、大麦は米を補うものとして欠かせない。

かつて佐賀の実家では、麦飯に麦茶をかけたお茶漬けと、麦味噌のアラ汁の食卓を囲ん

＊59 詳細は「お茶と懐石」の章を参照

でいたのだろう。今となっては健康的で長生きしそうな食事ではないか。ちなみに僕の母は70を過ぎても仕事に趣味に地域活動に……と異様に元気デス。

小麦とおかし

それではもうひとつの麦、小麦はどうか。近代に入るまでパンをつくらなかった日本では小麦をどのように使っていたのだろうか。奈良〜平安の古代まで歴史を辿《たど》ると、まずお菓子の用途に使われている。第二章に登場した素麺の原型である。小麦を糯米《もちごめ》などと混ぜ、水飴《みずあめ》やはちみつなどを加えて棒状に練り、それを揚げて食べる。いわゆるドーナツみたいなもので、中国のトレンドを取り入れた「唐菓子」と呼ばれた。現代でも日本ではジェラートやタピオカティーのように外国からのお菓子が尊ばれる気質があるが、こういうのは古代から続く伝統のようだね。鎌倉〜室町以降になると、禅宗の精進食が普及し、小麦を手延べで練った素麺が食べられるようになり、それがさらに江戸時代のうどんに発展していく。湿地帯で灌漑《かんがい》が難しく、田んぼがつくりにくかった江戸周辺の関東平野では、雑穀のソバの実が多く栽培されていた。ソバの実の粉をうどんのように麺に練ったものがご存じの通り、そばである。江戸後期19世紀のはじめ、江戸市内の飲食店のうち10%強がうどん・そば屋だったそうだ。中世から近世にかけて急激に麺食が発達したのが窺《うかが》える。

小麦に含まれるグルテンを加工した麩《ふ》の用途も見逃せない。麺と同じく精進料理によってもたらされたたんぱく源である。パン生地のように小麦粉を水でよく練ると、だんだんモチモチしてくる。これを蒸してお菓子のように食べるのが生麩。なおこのモチモチ生地を焼いて膨らませたものが焼き麩である。そのまま放置して発酵させればパンまでもう一息だったのに……！

生麩の変形種として、神奈川県川崎《かわさき》大師付近でつくられる小麦のくず餅《もち》がある。小麦粉を水に浸したまま数ヶ月～1年ほど乳酸発酵させる。やがて沈殿した酸っぱいでんぷんペーストを餅のようにして蒸し、関西の葛餅《くずもち》のようにきな粉や黒蜜《くろみつ》をまぶして食べるユニークな発酵菓子だ。ほんのり酸っぱくてモチモチの品の良い風味でお茶によく合う。

麺・お菓子と並ぶ第三の小麦食の主役といえば、コナモン（粉食）である。長野の山間地では小麦粉を餅状に練ったおやきが郷土食の定番。僕は野沢菜漬を包んだおやきが大好きで、あの香ばしいニオイを嗅《か》ぐだけでよだれが出てくる。小麦は大麦のように米の裏作にはできず、小麦専用の畑をつくる必要がある。小麦は湿気を嫌い、比較的冷涼な土地を好む。湿潤な環境を好む稲作に適さない場所が小麦の栽培に向いているわけで、長野の山間地は小麦を育てるのにうってつけだったのだ。さらに大麦と同じく小麦も年貢に取り上げられない作物だったので、庶民の強い味方だったのだろう。おやきのレシピがいつ頃登場したかの詳細は不明だが、江戸後期には長野の一般家庭に普及していたようだ。縄文遺跡の多い長野県。遺跡からは雑穀を粉状に挽いて餅状にして焼いた形跡があり、これがおやきの原型では……などとも言われているが、この頃にはまだ小麦は渡ってきていなかったので直接のつながりは薄いかもしれない。

僕のホーム、山梨でも「みみ」と呼ばれる独特なレシピがある。これはイタリアのショートパスタのようなもので、小麦粉を耳たぶのようなかたちに練って味噌汁のなかに入れて煮る。海から遠く、険しい山脈で外界から隔絶された長野〜山梨の山間地は江戸に近いものの気候条件が特殊すぎて、独特の麦文化が根付いたのだ。

山間地のおやきやみみとは違う文脈で、都市部ではコナモンの文化が江戸後期のファストフード革命期に花開いた。たとえば「文字焼き」というものがある。小麦粉を水で薄めて砂糖を入れ、熱い鉄鍋《てつなべ》に落とすと文字や絵が描ける。子供向けの駄菓子として人気を博したそうだ。これが明治以降に「もんじゃ焼き」として大人も食べられるファストフード化した。大正になるともんじゃ焼きが発展してお好み焼きになり、関西に波及し……といった流れで現在のコナモンカルチャーが形成されていく。関西発祥のコナモンとしては、小麦粉に卵を混ぜて焼く明石《あかし》焼き、それをさらに発展させたたこ焼きが西のファストフードの定番となった。いずれにせよ、コナモンの文化にはおやつや間食としての色彩が強い。東京のお好み焼き屋さんにいくと比較的ボリュームたっぷりだが、兵庫や大阪の老舗《しにせ》のお好み焼き屋さんにいくと、500円もしない安価でサッと食べられるボリューム軽めのものが主流だ。関西式のほうが、軽くてふんわりお菓子の延長としてのコナモンの起源の名残を強く残しているのが興味深い。ちなみにコナモンに欠かせないソースは、お酢をベースにした洋風調味料。瀬戸内海沿岸ではかつて醬油《しょうゆ》だけでなくお酢の生産も盛んだった。

そのお酢文化がベースになってソースが普及し、小麦食とベストマッチになったんだね。

お菓子や麵食、粉食や天ぷら以外の小麦の用途は限定的で、醬油用の小麦に使う程度だ。大豆に小麦を加えると、甘さや軽やかさが出るので、江戸時代以降の醬油製造に重用されるようになった。

豆と植物性たんぱく質

獣肉や卵、乳を摂《と》らない日本人。中世になると精進料理まで出てきて魚介すら摂らなくなっていく（よっぽどM気質なのかな?）。塩分と並んで効率的な摂取を考えなければいけないのが、たんぱく質である。脳みそや筋肉を動かすガソリンを炭水化物とすれば、体をつくる部品となるのがたんぱく質。[*60] 米や麦でガソリンは補給できるが、たんぱく質をどうするか？　ないない尽くしの日本人の福音となったのが、大豆である。大豆にはなんと30〜40％のたんぱく質が含まれており、獣肉よりも断然多い。魚も肉もなくても、塩と米麦、大豆があればとりあえず死なないのである。

日本における大豆の起源は、米や麦などとともに弥生以降に大陸からもたらされた、という説と、縄文時代にすでに野生の大豆を栽培していた、とする説がある（近年では後者が優勢だ）。少なくとも古代の王朝が興る以前の段階で大豆栽培が始まっていたようだ。最初はシンプルに煮炊きして食べていたのだろう。より高度な加工が始まるのは、遣隋使・遣唐使以降、中国との交易が盛んになる時期から。発酵させて豆豉《トウチ》のような調味料[*61]に

＊60　正確に言えばたんぱく質を分解したアミノ酸

＊61　調味料としての加工は「塩と醬油」、「味噌」の章で見た通り

するのが第一歩、次いで鎌倉以降の精進レボリューションのなかで豆腐の加工が盛んになった。豆腐は間違いなく日本の食文化に大きなインパクトを与えたものだ。豆腐の作りかたをざっくり説明すると、大豆の煮汁にニガリを加えて固めたもの。実は家庭でも簡単につくれる。かつてはニガリは海水から塩をつくる時に副産物として出るものを使っていた。草食文化の結晶である豆腐、たんぱく質7〜8%、脂質5%程度を含んでいるので、それこそ肉を食べるようなものだ。肉食によるたんぱく質＋ナトリウムの摂取を、精進料理では大豆と塩の掛け合わせで実現しているわけだ。よくできてますなあ。

中世以降、豆腐を揚げたり（厚揚げ）、タレをつけて焼いたり（田楽）、凍らせたり（高《こう》野《や》豆腐）と、様々な工夫が生まれた。当初は寺院および禅宗の信徒によって食べられていたが、江戸以降には庶民の食材となり。江戸中期天明2年（1782年）には『豆腐百珍』という豆腐尽くしのレシピ本が刊行されるに至る。酢に漬けたり、酒で煮込んだり、餅で包んだりとよくぞこれだけ思いつくな！　と感心する珍レシピがずらっと並ぶさまは壮観だ。米や麺よりも軽く、主食のようにもおかずのようにも食べられる豆腐は酒好きにも愛された。山梨の甲府《こうふ》に喜久乃湯《きくのゆ》という、太宰治《だざいおさむ》が通った老舗の銭湯がある。そこには歯が悪かった太宰が風呂《ふろ》上がりに豆腐を買って酒の肴《さかな》として楽しんだという記録が残っている。わかる。日本酒と豆腐はよく合うよね……！

豆腐は副産物もまた貴重な栄養源となった。表面に張る膜は湯葉として刺し身のように、豆腐を凝固させた後に残るぼそぼその部分はおからとして野菜と和《あ》えて食べた。貴族から僧侶《そうりょ》から庶民まで豆腐をエンジョイしまくっていたのである。

そんな豆腐ラバーの日本人だが、なぜかやっていないこともある。豆腐の発酵である。中国の南西部に行くと、腐乳《フールー》という発酵豆腐の一大カテゴリーがある。モサモサにケカビを生やした「毛豆腐」という毛虫のような見た目の豆腐。青カビをつけてドロッと溶かしたものを揚げる「臭豆腐」。赤いカビをつけてチーズのようにした「紅腐乳」など、中国南部や台湾は豆腐の発酵パラダイスである。なぜ日本で腐乳カルチャーが根付かなかったのか？　と考えるに、元々禅宗が伝来した長江付近の土地ではそれほど腐乳が食べられていなかったからではないか。その証拠に、台湾とつながっていた琉球《りゅうきゅう》では紅腐乳の系譜である豆腐餻《よう》があるではないか。とはいえ、淡白を良しとする日本人の口には腐乳はハードコアすぎるのかもしれない。僕、臭豆腐大好きなんだけどな……。

大豆の他に、小豆も大事な豆だ。煮付けて食べたり、モチ米に混ぜて赤飯にするのが定番だが、餡《あん》にしてお菓子をつくるのにも欠かせない。柔らかく煮た大豆を潰《つぶ》して濾《こ》し、水《みず》飴《あめ》や蜜などを混ぜて優しい甘みの餡にする。小麦粉を練ってふかした生地に、小豆の餡を包んで食べるまんじゅう。おもちにたっぷり餡を塗って食べるぼたもちやあんころ餅……五穀豊穣のめでたさがいっぱいに詰まったごちそうだ。

豆腐を発酵させた中国の腐乳

芋正月と照葉樹林文化論

オオゲツヒメ神話の元になったハイヌウェレのお尻から生えてきた「穀物以外の作物」を覚えているだろうか。それは芋だ。穀物を主食とした日本でも、芋は大事な役割を果たしている。

噴煙が漂う熊本・阿蘇《あそ》の山間地を訪ねた時に「あかど漬」というローカル漬物に出会った。あかど芋という在来の芋の茎を塩漬けにして乳酸発酵させた、鮮やかな緋色《ひいろ》の漬物である。食べてみると、シャキッ！　なのにプリッ！　でジューシー！　という不思議食感で「畑の馬肉」[*62]と呼ばれている。このあかど漬、もとは本体のあかど芋が主食として食べられていて、その副産物としてとれる茎のやわらかい部分を漬け込んだ保存食だったそうな。現在では芋よりも副産物のあかど漬のほうが目立っている。あかど芋は里芋の一品種。つまり東南アジアやミクロネシアで食べられているタロイモの仲間。ハイヌウェレの尻から生えてきたイモなんだね。

南米原産のさつまいもが大陸経由で渡ってくる17世紀初頭まで、里芋は、水資源が貧しくて稲作が普及せず、かつ湿潤で小麦の栽培にも向いていない土地における主食として重要な役割を果たしていた。とりわけ日本の南西部、九州や離島でその傾向が顕著だ。近代に入るまで稲作が普及していなかった奄美《あまみ》諸島や沖縄では、湿地帯で里芋を栽培し、主食としていた。さてそんな「知られざる主食」である里芋。その起源を見ていくと壮大な謎が隠されている。

*62　美味《おい》しいけど、残念ながら馬肉には似てないかな……

民俗学や地理学が好きな人なら一度は聞いたことがあるであろう「照葉樹林文化論」。ヒマラヤから中国雲南省、台湾を経由し日本の温暖な西南部に伝播した農耕文明のアーキタイプの提唱である。焼き畑農業を研究していた農学者、中尾佐助《なかおさすけ》が提唱し、次いで地理学者の佐々木高明《ささきこうめい》が発展させたものだ。中華文化圏から朝鮮半島経由で入ってきたのとは違う、汎《はん》東南アジア的な文明が日本の西部に根付いている、その根拠のひとつがイモカルチャーなのだという。照葉樹林文化圏では、粟やキビなどの雑穀類とイモを組み合わせてカロリーを摂取していた。その仮説に合致するものとして九州南部や琉球・奄美の穀物・里芋栽培があるというわけだ。里芋を食べる習慣は、南日本・関東から山梨〜長野の山間部まで広く分布しているので、弥生時代、朝鮮半島経由で稲作がもたらされる前、最初の農耕文化は照葉樹林文化圏由来のものなのでは？　という議論が１９６０〜１９７０年代になされたそうだが、その後、考古学や植物学の分野での研究が進み、

「そもそも日本には色んな文化圏から異なる農耕技術が伝わってきてるよね」

ということが明らかになるにつれ、照葉樹林帯文化論の影響力はフェードアウトしていった。退けられたというよりは、「それだけを理由に日本の農耕の歴史は説明できないよね」とインパクトが相対化された感じだ。古代以前から、日本は様々な民族が渡ってき

て文化の混淆《こんこう》が起こってきたのである（と書くと当たり前なんだけど）。

確実なのは、里芋の起源が古代以前に遡《さかのぼ》るということだ。その証拠に神饌や家庭でのお供え物にも里芋（およびタロイモの仲間）が頻繁に登場する。滋賀県米原《まいばら》にある志賀《しが》神社では、旧暦の正月の2月半ばに、里芋とカブ、ゴボウを切ったものを汁膳《しるぜん》としてご飯とセットで神に捧《ささ》げる。関東では東京世田谷《せたがや》の農家、大場《おおば》家に19世紀の古い正月食の記録が残っている。正月三が日に里芋と大根を入れた雑煮をつくって神さまに捧げるのだ。餅は一応つくるのだが、人間だけが食べる。つまり米より芋を神饌として優先してしまう、ということなんだね。

さらに！　一般的な正月と半年ずれた「芋正月」という風習もある。旧暦の8月15日（今の9月中頃）に里芋の雑煮を神さまにお供えする。収穫が暖かい時期なので、芋都合でお正月がズレてしまう。照葉樹林文化的な発想を持ち出すならば、大和的な「稲作文化」のオルタナティブとして、熱帯アジア的な「芋文化」がコインの裏表のようにある。「芋文化」の色彩が強い土地（あるいは家系）は、正月は冬の「餅正月」ではなく、夏の「芋正月」になり、神を迎える時期には、尊いはずの米がむしろ「忌み嫌うもの」になってしまう。

第一章で書いたように、「オモテの食国」は、米をシンボルとする「五穀豊穣」の世界観で成り立っている。その象徴がアマテラス（稲の女神）とオオゲツヒメ（五穀の母）だ。しかし芋を（物理的にも文化的にも）掘り下げていくと、ハイヌウェレを女神とする「ウラの食国」が出てきてしまう。民俗学者の岡正雄《おかまさお》は、主食のバリエーションに着目し、日本文化を「いくつかの異質・異系の種族的文化から成立した多元的構造としてとらえられる」と定義する。そのうえで芋カルチャーを「母系的・狩猟民的」性質を持つものとして、稲カルチャーの「父系的・漁撈《ぎょろう》民的文化」とは異なる系譜だとしている。本書の文脈に沿って翻訳すれば、オモテの食国は米と魚を主食とし、ウラの食国は芋と獣肉を主食とすることになる。日本正史には残っていないウラの食国、そこでは焼畑で芋や大根を育て、イノシシや鳥などを獲《と》って肉を食べていた。そういえば熊本はじめ九州南部、奄美諸島や琉球では肉を食べる文化あるよね……！

芋から見てみると、日本の食はまた違った様相で見えてくるのだ。

さつまいもの到来

時代は下り江戸時代初期。中国経由で南米ペルーあたりが発祥の作物、さつまいもがまず琉球にもたらされる。野国総管《ぬぐんそうかん》が中国に渡った際に、中国で栽培されはじめていたさつまいもを目の当たりにする。沖縄のように台風の被害が激しく五穀が実りにくい土地には、これはさぞかし有用な救荒作物になるであろう……と目をつけ祖国琉球に持ち帰ったのが1605年のこと。するとさつまいもは琉球の温暖な土地に適応し、災害があった年の餓死者が激減した。そこから急速に奄美、トカラ列島、種子島《たねがしま》などに伝播、本州にも上陸して、日本に新たな芋カルチャーが勃興《ぼっこう》していく。

この時代はさつまいもは中国から伝来したので「唐芋《からいも》」と呼ばれていた。茶色っぽく地味な里芋や山芋と違い、鮮やかな赤色や黄色で甘くて柔らかいさつまいも。瘦《や》せた土地でも育ち、つるも枝も地面を這《は》うように育つので台風にやられない。しかも収穫量も多いのでまたたく間に普及していった。同じ作付面積で収穫できるエネルギー量は、里芋の約2倍である。春に種を蒔《ま》き、秋頃に収穫できるサイクルが米と同じなので、すでに稲作が普及していた土地では飢饉《ききん》対策の代替主食として重用された。元々芋や麦・雑穀などを主食としていた九州南部や離島では、そのままさつまいもが主食として置き換わる土地も多かった。なおさつまいもは畑に塩分があると風味が良くなるので、南の土地に限らず、海に近い土地でもよく栽培された。僕の母方の実家の玄界灘沿いでも、さつまいもは大麦とともによく食べられていたようだ。18世紀には九州からさらに日本各地に広く普及し、豆腐レシピ大全『豆腐百珍』のさつまいも版『甘藷《いも》百珍』も出版されている。かりんとうや餡のような甘味を活《い》かしたお菓子から、芋のでんぷんを固めてつくった芋豆腐なるものまである。

なお現代にも非常にユニークなさつまいもの加工食がある。長崎、対馬《つしま》の「せん」[*63]だ。さつまいもを生のまま水に漬けてムニャムニャに溶かし、そのムニャムニャを取り出してカビをつけ、カビたムニャムニャをまた水に漬けて乳酸菌や各種バクテリアで発酵させてドロドロに溶かし、そのドロドロを固めて干した土偶のような摩訶《まか》不思議な団子だ。韓国の目と鼻の先の対馬では海流の影響で冬が寒く、さつまいもをそのままにしておくと、寒さで腐ってしまう。そこで腐敗の先手を打って発酵させてしまうことでさつまいものでん

＊63 詳細は拙著『日本発酵紀行』を参照

ぷん質を保存する、驚異の発想で生まれた発酵食品である。

琉球、奄美に次いで伝播したであろう薩摩《さつま》(鹿児島)は藩をあげてさつまいもの栽培を推奨し、その名の通り「さつまいものメッカ」となった。その背景から生まれてきたのが「薩摩焼酎」こと芋焼酎である。18世紀前半にはさつまいもを使った蒸留酒(焼酎)の醸造が始まっている。糖分の少ない里芋にはできない、さつまいもならではの応用メソッドだ。まず日本酒と同じく米麹で酒のもとをつくり、そこにさつまいもを足して糖分をアルコールに分解し、もろみを蒸留してアルコール液を取り出していく。さつまいもの甘い香りが詰まった魅惑の焼酎だ。鹿児島に行くと「黒茶家《くろじょか》」という平たい土瓶に焼酎を注ぎ、直接火にかけて「焼酎のストレート燗《かん》」というスゴい飲み方を堪能《たんのう》できる。明日の心配なく飲める時にお試しあれ。

薩摩と同じく初期にさつまいもが導入されたはずの奄美諸島には、芋焼酎の文化が根付かなかった。これはなぜかというとだな。薩摩藩が奄美諸島を隷属させるためにさつまいもの栽培を禁じ、代わりに砂糖として貿易品になるサトウキビを強制的につくらせた日本版砂糖プランテーションの名残である(主食の栽培を禁止されると経済的自立ができないからね)。そのかわり、奄美諸島ではサトウキビからとれる黒糖をさつまいもの替わりに使った黒糖焼酎の文化が根付いた。インドの紅茶のごとく、嗜好品《しこうひん》にはしばしば歴史の禍根が刻まれるのだ。

対馬のせん

離島に根付くウラの食国

米がシンボルの「オモテの食国」の筆頭が、米どころであり中央集権の都である近畿地方。対して芋や雑穀がシンボルの「ウラの食国」の筆頭は、なんといっても離島である。発酵食のフィールドワークで様々な離島を訪ねたなかで、最も強烈なのは伊豆諸島南端、本土から300キロ以上離れた絶海の火山島、青ヶ島《あおがしま》である。ここでは完璧《かんぺき》なまでにアウトオブ稲作の独自すぎる食文化を見ることができる。この島は今から240年ほど前に島中央の火山が噴火、全島民が八丈島《はちじょうじま》に避難するも、50年かけて灰に埋もれた故郷にまた帰還するという、とんでもない歴史を持った島だ。噴火でそれまであった水源が干上がってしまい、雨水を頼りに栽培できるのはさつまいもと大麦。暖かい時期にさつまいもを育て、寒い時期に大麦を育てる二毛作である。波が荒すぎて漁業は不確かで、馬や牛の牧畜を組み合わせて生き抜いてきた。さつまいもが渡ってくる前から育てていた里芋もいまだに栽培していて、お正月には里芋を食べる風習が残っている。「ウラの食国」の特徴が全部盛り状態ではないか……！

ここ青ヶ島のシンボルは「あおちゅう」[*64]と呼ばれるユニークな焼酎だ。カテゴリーとしてはいちおう薩摩焼酎と同じく「芋焼酎」なのだが、製法はまったく別物。まず米麹ではなく（田んぼ無いからね）大麦の麹を使う。しかも孤島すぎて本土から純粋培養されたコウジカビ[*65]を取り寄せられなかったので、野生の黒いコウジカビで麹をつくる。溶岩の上に

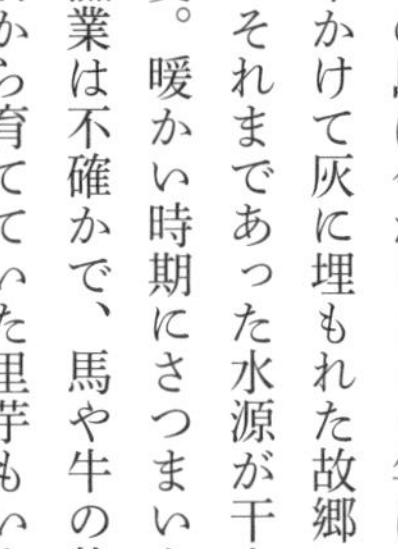

あおちゅうのもろみ。野生の菌が旺盛に発酵する

＊64　あおちゅうの詳細に関しては拙著『日本発酵紀行』を参照

＊65　種麹といって、醸造に使える安全なカビの胞子だけをパッケージした粉

生えるタニワタリという熱帯植物の葉を麦の上に被《かぶ》せる。すると葉に付着する黒カビが大麦に移って、種麹の役割を果たすことになる。酵母も純粋培養されたもの[*66]を手に入れることができなかったので、島に自生する野生の酵母で醸す。すると、まるで南海の荒波のように激しく泡立つもろみが醸され、蒸留すると花の蜜と干し草をミックスしたような、香り高い美酒ができてしまうのである。この「あおちゅう」、島の昔ながらの飲み方でもてなしてもらった。火山の熱でふかした里芋に、鰹《かつお》の塩辛を調味料代わりにつけてあおちゅうをクピリと一献。満点の星空を見ながら潮風に吹かれる。寂しいような爽《さわ》やかなような心持ちになるひとときだ。

青ヶ島は、死刑よりも重い政治的な罪を犯した人々が流される土地であったという。今や本土では姿を消してしまった古い言葉や信仰がいまだに根付いている。もしかしたら本土から政治闘争に負けたやんごとなき人々が、さびしく余生を過ごした場所だったのかもしれない。

オモテの食国に吹く、水田のそよ風。それとは全く異質な、火山に吹きすさぶ潮風。ウラの食国に住む人々は、そんな厳しい風が吹くなかでも日々の喜びを求めて食の工夫を重ねていったのだ。

＊66　きょうかい酵母といい、日本醸造協会が頒布している醸造用に使える酒酵母

粟・豆・麦・芋の章の参考文献

Column

ぐっとディープになる後半。民俗学のクラシックから、米「ではない」主食からウラの食国《おすくに》を覗《のぞ》いてみましょう。

●麦・雑穀と芋：小川直之《おがわなおゆき》編

民俗学的な視点から「その他の主食」を多角的に掘り下げた民族誌。

●照葉樹林文化―日本文化の深層：上山《うえやま》春平《しゅんぺい》編

1970年代に一世を風靡《ふうび》した照葉樹林文化論の概要と熱を体感できる一冊。この説の代表である中尾佐助、佐々木高明らが参加したシンポジウムのアーカイブ。

●イモと日本人：坪井洋文《つぼいひろふみ》

食から視る民俗学の古典。現在は農学的な視点から批判もありますが、エッジーな切り口は未《いま》だ色褪《あ》せず……！　ものと人間の文化史シリーズ『さつまいも』（坂井健吉《さかいけんきち》）も最高。

第八章

獣と鯨

隠された食国、燃やされた海の神

スサノオに殺され、死体の穴から五穀を生んだ食物の神、オオゲツヒメ。実はこの神話にはアナザーストーリーがある。オオゲツヒメ神話が収録されたのは『古事記』で、同時期に成立した歴史書『日本書紀』にも同じようなエピソードが登場する。天上神アマテラスの弟、ツクヨミのもとに食事係としてウケモチノカミという神が派遣される。

「あれ？　なんか聞き覚えのある名前だぞ？」

ご明察。ウケモチノカミは伊勢神宮に祀《まつ》られた食物の神。このウケモチノカミは何をしたのか。陸のほうを向いて米を吐き出し、海のほうを向いて魚を吐き出し、山のほうを向いて獣を吐き出してツクヨミをもてなそうとした。それを見て「そんな汚いものを食べさせるとは何事か！」と激怒したツクヨミはウケモチノカミを斬殺《ざんさつ》。すると死体から、

頂化爲牛馬、顱上生粟、眉上生蠒、眼中生稗、腹中生稲、陰生麥及大豆小豆
（頭からは牛馬、額から粟《あわ》、眉《まゆ》から蚕、目から稗《ひえ》、腹から稲、陰部から麦・大豆・小豆《あずき》が生えた）

とある。古事記のオオゲツヒメと日本書紀のウケモチノカミ。どちらもほぼ同じ構造のエピソード。なのだが、一点大きく違うところがある。「牛馬」の存在である。『日本書紀』にある古代の世界観では、食物の神から肉が出てくるのである。日本の食の歴史を見ていくと、基本的には肉食は排除されているのだが、神話の起源において肉はありがたい食物であったのだ。なぜウケモチノカミの牛馬の頭は持ち去られ、その存在が抹消されてしまったのか？

さあいよいよ本書も佳境。「隠された食国」を皆さまの食卓にお供えしようではないか。

草食と肉食の分かれ目

本題に入る前に「塩と醬油《しょうゆ》」の章をおさらいしよう。海から陸にあがった動物は、生命活動を維持していくためにかつての住処《すみか》であった海に豊富にあった塩分（ナトリウム）を補給しないといけない。その時に草食動物と肉食動物で塩分の摂取方法が分岐する。草食動物は外部から独立した食材として塩を摂取する必要がある。いっぽう、肉食動物は捕食した動物の体内に蓄積された塩分を奪って摂取する。つまり肉食動物のほうがより簡単に塩分を摂取することができる。肉には身体の細胞の部品となるたんぱく質も含まれているため、他の動物の肉を食べることは栄養補給という意味ではとても効率がいい。

足も遅く、非力なヒトはトラやライオンのように肉食「だけ」でじゅうぶんな食事を摂《と》ることができなかったので、肉と植物を両方食べる雑食の動物になった。世界各地にヒトが棲息地《せいそくち》を広げるなかで、植物が乏しい乾燥地帯や寒冷地に住む者は肉食に近くなり、植物が豊かな湿潤な土地では草食に近くなる。これが民族における食文化のバリエーションの基底となる。なんだけど、実際はそう単純にパターン化することはできず、気候風土以外にも文化的な要因が掛け合わされてその土地固有の食文化が醸成されていく。

古事記と日本書紀が編纂《へんさん》された8世紀初頭、どうやら日本は肉食と草食がせめぎ合っていた時期だったようだ。それに先立つ先史時代から縄文時代はどうだったか。穀物や芋を簡易的に栽培し、ドングリやクリなどの木の実を収集する草食と、海や川沿いの土地なら魚貝類、山や森が近い土地ならイノシシや鹿を食べる肉食を併用して栄養を摂取していた、というのが現在の定説だ。弥生時代になって組織的な稲作が発達したが[*67]、それでも現代の収穫量と比べると圧倒的に生産性が低かったので、やはり肉食を組み合わせていたようだ。そして古墳文化時代の3世紀末、中国の歴史書『三国志』のなかの『魏志倭人伝』という日本人のレポートのなかで、

始死停喪十餘日當時不食肉喪主哭泣他人就歌舞飲酒

（人が死んだ後、10日ほど喪に服す。肉を食べず、喪主は声をあげて泣き、他の者は周りで歌舞・飲酒する）

＊67　九州など西日本では、縄文晩期には稲作が始まっていたともされる

という一節がある。注目すべきは「不食肉」の部分。これは裏を返せば葬式の時以外は肉を食べていたということだ。興味深いのは、この時点ですでに肉食に「穢《けが》れ」のイメージがあったことである。文化人類学の研究では、古今東西広く肉食に伴う「血に近づくことへの禁忌」の風習が見られることが知られている。旧約聖書の『レビ記』には、

あなた方はいかなる肉なるものの血も食べてはならない

という記述がある。それはいったいなぜなのか。『レビ記』ではこう続く。

あらゆる肉なるものの魂はその血だからである。すべてそれを食べる者は断たれる

栄養の観点からすると、動物の血、とりわけ新鮮な生き血はサイコーだ。血には濃すぎないちょうどいい濃度のナトリウムやビタミンが含まれている。しかも食中毒を起こす病原菌が含まれていない。生き血は清潔《せいけつ》な栄養ドリンクなのである。

……と書くと「なんと野蛮な」と眉《まゆ》をひそめる読者も多いだろう。血はあまりにも「命のエッセンス」を凝縮したものであるがために、禁忌の対象になってしまうようだ。血、あるいは精液のような体液は、文化人類学のなかで「聖なるもの」と「穢れ」を往復運動する多面的な存在なのである。生命の核の部分に近づきすぎることは、時に社会秩序に

とってリスクを伴う行為になってしまう。

血から米へ。食国の統治原理

『日本書紀』に記された歴史によると、ツクヨミの時代から下って飛鳥時代の675年に、天武《てんむ》天皇が肉食禁止令を出す。旧暦の4月から9月のあいだ、牛・馬・犬・鶏・猿の5つの動物の肉を食べてはいけない、というルールである。これが日本史上最初の肉食禁止令だ。しかしこの時点ではまだ家畜と人間に近い猿だけが、夏〜秋の期間のみ禁止される限定的なルールにとどまっている。ここからいくつかのことを読み取れる。まず、期間が稲作をする期間に限定されていること。さらに期間内であってもイノシシや鹿など野獣は食べることを許されていることである。一般的に食肉禁止は、飛鳥時代に大陸からもたらされた仏教の「殺生の禁止」の影響とされているが、どうもそれだけではない（だったら最初から中世の精進料理のように全面的に肉食を禁止するはずだ）。第一にこの時代に入ってきた仏教が上座部仏教だったため、肉食が全面的に禁止されているわけではなかった。上座部仏教では自分が殺生に関与しない肉に関しては、養生食として食肉が許されていた。第二に『魏志倭人伝』にあったような「原初的な血の禁忌」の意識。そして第三に民を「稲作への集中へと促す」ための朝廷の戦略である可能性だ。まだ肉食の傾向も強かった民衆を、米を生産して栄養を摂取する「草食の民」へと作り替える意図があったのではないか？　この背景には肉と米を比べた時の、保存と運搬の効率の問題があるだろう。

肉は重くてすぐに腐敗してしまうし、朝廷が年貢として納めさせて保存することが難しい。しかし米なら軽くて年をまたいで貯蔵することができる。日本において中央権力が資源を蓄積させるためには、肉食から草食への移行、稲作の普及が望ましかったのである。

　食の領域で日本史を研究する原田《はらだ》信男《のぶお》の『歴史のなかの米と肉』では、雨乞《あまご》いの方法論の変化が食肉禁止令に影響した、というスゴい説を唱えている。仏教伝来以前の古代黎明《れいめい》期では、日照りが続く時に、雨をもたらすために家畜の血を捧《ささ》げる民間儀式があったという。しかし仏教の伝来により、僧による加持祈禱《かじきとう》によって雨を降らすニューメソッドがもたらされた。仏教は血を嫌うので、稲作期間中に家畜を使った血の儀式をやめさせるために食肉禁止令を出したという。真言宗《しんごんしゅう》の祖、空海が成り上がったきっかけも雨乞いの加持祈禱だ。

　生贄《いけにえ》と加持祈禱。雨乞いメソッドの違いに「血」を巡る、神聖と禁忌のせめぎあいが見られることにお気づきだろうか。土着の信仰では、血は超自然にアクセスするための神聖なツールとして用いられる。一方、上流階級にもたらされた仏教では、血は社会秩序を乱すものとして禁忌の対象となる。こうも言い換えられるだろう。土着の信仰では、雨は超自然の「神」が降らすものであり、その神のご機嫌を取るために「血」をご馳走《ちそう》として捧げる。一方、仏教的な世界観では、雨を降らすのは訓練を積んだインテリ僧侶《そうりょ》の祈りの力、つまり「人間」が直接自然に働きかけるのだ。超自然が支配する「神治」の古代では「雨＝澄んだ水」が欲しければ「血＝濁った水」と交換しないといけない。雨の恵みをもたらす超自然の神は、カタチのないもの、あるいは蛇のようなモンスターとして人間界からの血にまみれた生贄《いけにえ》を要求する。しかし、大陸から渡来した仏教の方法論では気まぐれな自然を、高位の人間が特別な力を行使してコントロールすることで雨を降らす。自然に対して、

「すいません、生贄あげるんで勘弁してもらえないですかね」

という腰が引けまくったスタンスが、仏教によって、

「けしからぬことだ。我がしずめてやろうではないか」

という強気なスタンスに変わっていく。「米と麹《こうじ》」の章で紹介した、スサノオが大蛇の妖怪《ようかい》ヤマタノオロチを斬り殺すエピソードを思い出してほしい。ここで超自然の象徴である蛇にふるまうのは、動物の生き血ではなく、米で醸した酒である。穀物由来のアルコール液で蛇をベロベロに酔わせ、殺す。赤い「血」から白い「酒」への移行は、肉から米への移行。スサノオのエピソードは、日本人が世界の秩序コントロールを近代化した象徴なのだ。血を喰《く》らう肉食から、米を組織的に生産する草食へとシフトすることは、社会の近代化と中央集権化が重ね合わされている。

ここでトピックスは序章に戻る。なぜ日本は天皇が統べる土地ということになっているのだろうか。それは天皇が、草食のシンボル、血のかわりに米で民を統べる人神だからなのだ。「食国」とは、血を伴う暴力なしで民を養う統治法なのである。

肉を食べない民族への移行

こうして始まった肉食の禁止は、古代から中世にかけて段階的に広まっていく。とはいえ、鎌倉時代に至るまではまだ完全な禁止には至っていなかったようだ。平安初期833年に編纂された法律の解説書『令義解《りようのぎげ》』には、

凡《およ》そ僧尼《そうに》、酒《さけ》を飲《の》み、肉食《にくは》み、五辛服《ごしんふく》せらば卅日苦使《さんじゆうにちくし》。若《も》し疾病《やまい》の薬分《やくぶん》に為《な》るに、須《す》ゐむところは三綱其《さんごうそ》の日限給《にちげんたま》え。

とある。お坊さんや尼さんは酒や肉、ニンニクやニラなど刺激の強い作物を食べたら三十日服役するのが基本ルール。なんだけど病気の時はこれを口にしてもいいよ！ ということらしい。平安時代の肉は焼いたり煮たり以外にも、塩を加えて発酵させた醤《しおから》[*68]や、酢で漬けた膾《なます》など、生肉を加工したものも食べられていた。寄生虫のリスクも減らして、保存もできるのでたまに食べる時には具合が良かったはずだ。鎌倉時代になると禅宗に伴う精進食の普及もあり、肉食のタブー視が進んでいくが、朝廷による全面的な禁止令は出て

＊68 「おすし」の章で取り上げた鮓の系譜

いない。14世紀末頃に成立し、江戸時代に寺子屋で使われた教科書『庭訓往来《ていきん》』には、当時の宴会料理に鳥や鹿、ウサギやイノシシ、イルカなどが食材として使われた記録が残っている。これは「茶と懐石」の章で取り上げた上流階級向けの本膳《ほんぜん》料理なので、一般的に食べられていたものなのか不明なのだが、この頃はまだ牛や馬などの家畜の肉以外はオフィシャルに「食べてもOK」なものだったようだ。ここから16世紀、室町後期になると四足《しそく》獣が食べられなくなっていく。しかし依然として鳥やウサギ、イルカやクジラなどは食べられていた。

「あれ？　ウサギって四足だよね？」

グッドクエスチョン。ウサギは一羽二羽……と数えられるように、鳥とみなされた。繁殖スピードが早く獣害をもたらしたので、食物がない時の救荒食とされていたようだ。田舎に住んでいる人ならおわかりの通り、鹿やイノシシ、ウサギは田畑を荒らすので、獣害対策も兼ねて食べられていたのだ。天武天皇による最初の肉食禁止令でも猿の肉食が禁止されていたように、人間に形態が近い動物から禁忌の対象となっていったわけだ。なお戦国時代には武士たちが、獣や鳥を捕獲して味噌《みそ》汁にいれて食べていたという。僕も一度食べてみたいぞ……！

とはいえ。鎌倉〜室町を通じて禅宗はじめ仏教が上流階級だけでなく武家や庶民に普及していくにつれ、「肉食禁忌」の意識が広まっていったのは疑いようがない。ここから江戸にかけて現代の僕たちがイメージする「肉を食べない日本人」が形成されていくことになる。

しかし、[*69]肉食は中世以降も根絶されることはなかった。中央集権を離れた辺境や、社会秩序の外側に置かれた人々のあいだでのアンダーグラウンド食として脈々と受け継がれていったのだ。

餌取と食肉

日本の民俗学のパイオニア、柳田国男は稲作の定住農耕を生業《なりわい》とする日本人を「常民」と定義した。しかし、柳田民俗学の影響をうけながら、全国の小さな村々をまわるフィールドワークを重ねた宮本常一は、稲作の定住農耕「ではない」人々が日本各地に数多くいることに気づいた。例えば、山を移動しながら木を加工したり、炭や塩を運んだりする人々である。戦後では中世の歴史を研究した網野《あみの》善彦《よしひこ》が時に国境すら越えながら海沿いを移動していく海洋民の実態を明らかにした。柳田流の「常民」の秩序、この本の文脈で言えば「オモテの食国」の外側にいる人々を、異端の民俗学者赤松啓介《あかまつけいすけ》は「非常民」と名付け、民間の性の風習を紐解《ひもと》きながら、流れ者やヤクザものが日本各地を放浪していたことを描いた。堅実な農民的性格とは逆の、流動的でひとつの住処《すみか》に執着しない存在。

＊69　何度もしかし！　を繰り返してすまない。肉食の歴史はしかし！　の連続なのだよ

その実態は、比較的社会秩序に近い漁業や林業の従事者から、流浪の僧やシャーマン、陰《おん》陽師《みょうじ》、旅芸人などの広義の芸能者、罪人や物乞いなど多岐にわたる。ただおおむね「米を生産して年貢を納める」という中央集権のベーシックな秩序からこぼれた存在であることが共通項だ。

仏教伝来以前には当たり前だった肉食は、古代から中世にかけて「非常民」の領域へと徐々に移っていく。その変遷を見てみよう。

奈良から平安にかけて、皇族のレジャーであった鷹狩《たかがり》のお世話をする、餌取《えとり》と呼ばれる職能があった。平安中期10世紀前半の辞書『和名類聚抄《わみょうるいじゅしょう》』によると、農耕用に使えなくなった牛馬を屠《ほふ》り、その肉を鷹《たか》や猟犬の餌にしたり、皮を加工したりする職人のことを指す。この時点では、餌取はすなわち宮仕えの専門職である。時代は下り平安時代末期、12世紀初頭に編纂された説話集『今昔物語』に北山餌取法師という破戒僧の話が収められている。延昌という修行僧が京都の北山の山中で迷い、小屋に辿《たど》り着く。その小屋には餌取法師という僧が妻と住んでいた。夕食に牛馬の肉を料理して出そうとしたのを見て、

「奇異《あさまし》く餌取の家にも来にけるかな」と恐ろしく思て

と驚く延昌。この小屋に住む僧は動物の死体の肉を食べ、妻もいる。肉食妻帯という僧

侶にあるまじき破戒僧ではないか、というわけだ。この小屋を「餌取の家」と表現していることに注目してほしい。延昌が出会ったのは鷹狩の世話役ではなく、僧侶である。死んだ動物の肉を食べる＝餌取、と元は単なる職能であったものがここでは「食肉する者」の意味になっている。平安後期にはすでに食肉（とりわけ牛馬のような家畜）に対するタブー視が進んでいたことが窺《うかが》える。さらに京都の醍醐寺《だいごじ》の資料集『醍醐寺雑事記』では平安後期、都の周縁の河原に住み着いた人々の土木工事や清掃とともに、牛馬の皮の加工に関わる役割を「餌取」と呼ぶ記述がある。２つの資料を合わせて考えると、餌取は都市の周辺部に住み、牛馬の加工に関わる者、あるいは肉食する者全般を指すものになっているのがわかる。

　中央集権的な草食の秩序に与《くみ》せず、都市と農村どちらにも住所を持たない。「肉」に関わる者は徐々に隠された存在になっていく。

　このように中世までの流れを追ってみると、鎌倉時代に精進食が広まっていった背景が見えてくる。穀物や豆類からのたんぱく質摂取が「正統」とされ、草食によって生命維持のできる者が、つまり国家の権威となる。いっぽう肉からのたんぱく質摂取は「異端」とされ、肉食によって生き延びざるを得ない者は権力の中枢から距離を置かれることになった。これは稲作による中央集権を進めるなかで生まれた分断なのだが、別の視点で見てみると人口密度が高い島国で効率的にエネルギーを分配するための措置でもある。農地にできる平野の限られた日本列島で、肉食を基本にしてしまったら、養える人口は稲作を基本にするよりも少なくなってしまっただろう。

諏訪の鹿食免

しかし、都から遠く離れ、稲作に適さない地域では「草食の秩序」は必ずしも絶対ではない。その典型的な例が長野県八ヶ岳《やつがたけ》エリアにある諏訪地方だ。ここには20世紀に至るまで「肉食の神饌」が存在していた。その名残を『神長官守矢史料館《じんちょうかんもりやしりょうかん》』という史料館で見ることができる。今も春の4月15日になると「御頭祭《おんとうさい》」という神事が行われており、かつては鹿の生首75頭（！）はじめ、ウサギやイノシシの肉などが捧げられる祭祀であった。僕が史料館を訪れた時には、野獣の内臓の塩辛などの展示もあった。内臓食は、高い解体技術を要するとともに、すぐに腐ってしまうため捕獲場所の近くに肉を食べる人がいないと成り立たないので、ディープに肉食が根付いた土地の証《あかし》だ。ポイントは基本的に「生」であること、つまり仏教以前の雨乞いの儀式と同じく「生き血の生贄」なのである。何十頭もの獣の生き血を捧げる。これを神聖である、とするのが諏訪信仰の世界観だ。生命のエッセンスである「血」を禁忌とした中央の大和朝廷とは真逆なのだね。

諏訪は東日本のなかでもかなり早い段階で文明が築かれた土地だ。『古事記』の記述では、天上神アマテラスが下界を統べていた地上神オオクニヌシに国を譲るよう迫った「国譲り神話」において、それぞれ一人ずつ力自慢の英雄を出して闘わせ、勝ったほうが地上を統べようという話になった。アマテラス側からタケミカヅチ、オオクニヌシ側からタケミナカタと両陣営の力自慢が登場し、プロレスのごとく肉弾戦が行われた結果、タケミナカタが敗れた。そしてタケミナカタが封じ込められたのが、諏訪の地であるという。これは渡来した民族（おそらく天皇の系譜）と、前から日本にいた土着の民族との争い、農耕定住の民族に、それ以前にいた狩猟民族が服従させられた記憶なのだろう。諏訪周辺は海から遠く、山に囲まれた平地の少ない場所だ。八ヶ岳を囲む長野〜山梨の山岳エリアは縄文遺跡がやたら多く、弥生の遺跡が少ない。色濃く縄文の性格を残しながら中世に突入し、武田信玄はじめ武将たちが跋扈《ばっこ》する山の根城になったような土地柄である。当然京都をはじめとする近畿地方よりも狩猟文化、肉食文化の影響が強くなる。諏訪に祀られた神は武人の神であると同時に狩猟の神とされ、平安貴族的なそれとは真逆の世界観が保持された。天皇とはまた違う「大祝《おおほおり》」という現人神《あらひとがみ》が象徴となり、「ミシャグジ」という超自然のローカル神が民間信仰の対象となった。今でも諏訪を歩いていると、街角にミシャグジ様を祀った祠《ほこら》や、白蛇の依代《よりしろ》（エネルギーが降りてくるアンテナのようなもの）となる白樺《しらかば》の柱があちこちに立っている。僕は一度地元のお母さんがその柱に抱きついている場面に遭遇し、感激して握手してもらったこともある。諏訪を訪ねると日本の信仰は多様であったことが実感できるよ……！

さてこの諏訪信仰。大和朝廷に敗れたローカル神のはずだが、各地に諏訪神社がたくさんある。これはいったいなぜ？　諏訪信仰の神官を務めていた守矢《もりや》家の記録にその謎を解く鍵《かぎ》が隠されている。江戸時代初期の17世紀には、守矢家は諏訪近郊から集めた鹿肉を、諏訪大社には神饌として納め、一般家庭には食用として販売していた。しかし17世紀後半に将軍徳川綱吉《つなよし》からかの有名な「生類憐《あわ》れみの令」が発布される。この時に、諏訪家から賜っていた「鹿食免《かじきめん》」という免罪符が守矢家の生業のピンチを救うことになる。鹿食免に納められているお札には、

業盡有情　雖放不生　故宿人身　同證佛果
（生きる定めが尽きた生物は、そのままにしても生きてはいけない。だから食べて人の身にしてこそ成仏することができる）

とある。さすが筋金入りの諏訪の民、仏を持ち出して肉食を正当化してしまう（もちろん諏訪の人々の本音でもあっただろう）。こうして理論武装した、諏訪神人という布教者たちが、鹿食免を持って各地の山村を行脚、諏訪信仰を説いて回った。その結果、諏訪信仰と共に肉食も各地に広まっていったのではないか……守矢家の末裔《まつえい》、守矢正《ただし》さんの説を読み解くとこのようなことがわかる。鹿食免は現在でも健在。諏訪信仰の本丸、諏訪大社に行くと読者諸氏もゲットすることができる。

諏訪と同じく縄文武士エリアにある僕の集落（山梨県甲州市）では、昔から日常的に鹿やイノシシを食べる。近所には馬肉屋さんもたくさんある。馬を駆り、鹿を獲る「山のつわもの」の文化が脈々と根付いているのだ。

天皇の肉食解禁

江戸が終わり、日本の近代化が始まった。明治4年、天皇家の肉食禁止が終わる。『明治天皇記』では、宮中において、

牛羊の肉は平常これを供進せしめ、豚・鹿・兎の肉は時々少量を御膳に上せしむ

と明記されている。やがて欧米諸国と外交をするために、宮中でフランス料理が採用されるに至る。欧米をモデルとした文明開化の流れのなかで、日本はオフィシャルに草食民族であることに終止符を打ち、西洋の思想や技術とともに、肉食文化も取り入れることになった。

これは「食国」における一大事である。原田信男の『歴史のなかの米と肉』では、この時期の民衆の困惑と憤りが描かれている。天皇の肉食解禁の翌年には、御岳信仰の行者10名が皇居に乱入、白装束姿で天皇の肉食禁止を訴え、4人が死亡する大事件となった。農家たちも突然の肉食解禁に驚き「肉と違って米は安価に栄養を取れる！」と肉食反対の意

を込めたアジテーションを展開している。

しかし混乱は程なく収まり、街場の飲食店にも牛鍋《ぎゅうなべ》とビールを出す店が相次いでオープン。肉食できるぜやっほう！　という機運が都市部の民衆のなかで急速に広まっていった。すると当然食肉の調達と解体の需要が増えることになる。その仕事を担ったのは、幕末に神戸《こうべ》や横浜《よこはま》などの港が海外に開かれるとともにやってきた、欧米の職人たちである。肉の解体・加工は様々な道具を使う高度な技術が必要で、肉を扱ったことのない素人では到底できない仕事だったのだ。しかし海外からの助っ人職人だけでは供給が追いつかなくなり、やがて日本各地に散っていた食肉加工に携わる職人たちが招聘《しょうへい》された。外国人が持ち込んだ西洋の食肉文化と、古くから日本に伝わる食肉文化があわさって独自のメソッドが生まれていく。カツレツやすき焼き（牛鍋）のような日本的な食肉文化の成立には、明治初期の東西のハイブリッドな加工技術が関わっている。

ここで「米と麹」の章で取り上げた『肉食の思想』の話をもう一度おさらいしよう。ヨーロッパでは麦の生産性が米ほど高くなく、かつ連作障害が起きやすい。そこで休ませている畑の牧草を食べて育った家畜の肉や乳を栄養源にして、麦の生産性の低さを補わざるを得なかった。ヨーロッパ社会において重要な栄養源である肉の解体・加工に従事する人々は、高い社会的身分を認められた職人＝マイスターだった。日本では、米を中心とした食文化のなかで、肉に関わる者は、中世から現代に至るまで不当な差別を受けてきた。しかし僕は声を大にして言いたい。肉は長らく日本の食文化の一端を成し、現代に生きる僕たちの味の記憶に刻まれる重要な存在なのだ。

捕鯨大尽

日本にはさらにもうひとつ肉食の歴史がある。それは鯨である。

千利休の懐石でもイルカ*70がメニューとして供されたと記録があるように、「海の哺乳類」である鯨はなじみのある食材として日本に根付いてきた。捕鯨の歴史自体は縄文にまで遡《さかのぼ》るようだが、古代以前はたまたま浜まで迷い込んできた、あるいは打ち上げられたイルカはじめ比較的小型の鯨を捕獲するのにとどまっている。鎌倉時代の13世紀になると、海沿いの土地で捕獲した鯨が市街地に運ばれるようになる。13世紀の歴史を記した『吾妻鏡《あずまかがみ》』によると、

近国浦々大魚多死、浮波上、寄于三浦崎前浜之間充満、鎌倉中人挙買其定家々煎之、取彼油、異香満閭巷

（三崎《みさき》港あたりに多くの鯨の死体が流れ着き、鎌倉中の者がそれを買って煎《せん》じ、油を取った。港中に鯨の香りが充満した）

とある。このように、中世の段階では鯨は基本的には「たまたま獲《と》れるもの」のようだ。現代でも時折海辺に鯨が流れ着くことがあるが、それを利用していたということなのだろ

＊70　イルカは小型の鯨

う。本格的な捕鯨の文化は、室町後期から江戸前期にかけて。15世紀頃には知多半島や志《し》摩《ま》半島あたりで捕鯨を生業とし、京都などに珍品として売る集団が現れ始める。そして和歌山の太地町《たいじ》において「網掛突取法」という漁法が開発され、これが捕鯨を江戸時代の一大産業に成長させるイノベーションとなった。近海にあらわれる鯨をたくさんの船で追いかけ、巨大な網にかけて動きを鈍らせ、鯨の鼻の上にある急所を銛《もり》で突いてトドメを刺す。大人数でチームを組んで様々なテクニックを掛け合わせて鯨を獲る近代的な漁法だ。これにより「計画的に鯨を獲る」そして「体長20m近い大型の鯨を獲る」ことが可能になった。

太地町で勃興《ぼっこう》した捕鯨は、無数の船やそれに乗り込む人員、さらに直径200mを超す超巨大な網が必要になるので、大規模な組織を作らなければいけない。そこで17世紀初頭になると「鯨組」という今でいう株式会社のような事業体が生まれる。筆頭となる名主が年度ごとの事業計画を立てて資金と人員を調達し、ビジネスとして捕鯨を行う。大型の鯨を一頭捕獲するだけでとんでもない利益を上げることができたので、太地から技術を学んだ海洋民たちが高知の土佐や長崎の平戸《ひらど》など様々な場所で「鯨組」を立ち上げ、捕鯨は江戸時代を代表する大産業に成長していった。

実は僕の母の実家のある呼子《よぶこ》エリアは、江戸から明治にかけて日本最大の捕鯨地だった。帰郷するたびに当時の呼子の捕鯨の実態を調べているのだが、その巨大さに絶句する。18世紀末のものとされる名鑑『鯨組永続鑑《くじらぐみえいぞくかがみ》』によると、呼子や五島《ごとう》列島で事業を行った生島《いくしま》組《ぐみ》では、秋～冬にかけての捕鯨シーズンに総勢約800人の従業員を雇っている。船乗りが450人、事務方が20人、道具や設備のメンテナンスが70人、そして鯨の解体や加工をはじめ陸での労働を行うパートタイムが300名近く。そして会計や経営を行う名主の経営チームで構成される大企業である。400名を超える船乗りが40隻近い船に乗り込んで巨大な鯨を浜辺まで追い込み打ち取る。呼子港のすぐ近くに小川島《おがわじま》という小島があり、この島の浜が追い込んだ鯨の解体場所だ。何百人もの人が鯨の死体に群がり、肉や皮や内臓を切り分け、骨を刻んで油を搾り取る。シーズンには昼夜問わず小川島の浜辺では鯨油を燃やす煙がもうもうと立ち上り、作業をする人々の歌が響き渡り、その光景を見ようと各地から観光客が押し寄せた。なんかもう、とんでもない大騒ぎである。呼子を代表する鯨組、中尾《なかお》家を名主とする中尾組は九州はおろか全国に名を轟《とどろ》かせた。

　中尾様[*71]にはおよびもないが、せめてなりたや殿様に

と謳《うた》われたように、中尾家は唐津《からつ》藩の財政を支える地域の大スポンサーとして君臨する。現代で言うところの、愛知におけるトヨタみたいなものだ。ナガスクジラやセミクジラ、マッコウクジラなどの大型の鯨を一頭仕留めるだけで、とんでもない利益を上げることができた。江戸中期から後期にかけて、呼子では調子のいい年には大型の鯨が何十頭も獲れたという。幕府から遠く離れた辺境で、途方もない巨利を生み出す産業が出現してしまったのだ。

＊71　山形県の豪商、本間家を揶揄《やゆ》した俗謡のパロディ

さて、なぜ捕鯨が近世における大産業になりえたのだろうか。中世までの鯨は基本的には食用だったのだが、江戸時代以降における鯨は第一に「工業資源」だったのである。鯨の各部位は「ホントかよ！」と突っ込みたくなるくらい多様な用途に使われている。例えばヒゲは櫛《くし》や馬につける鐙《あぶみ》、歯はハンコや入れ歯、筋は弓の弦に使われた。変わった例だと、イッカククジラの長い角は漢方薬に、マッコウクジラの腸内にできる結石は龍涎香《りゅうぜんこう》というレアな香料として宝石のような値段で取引された。そしてなんといっても重要なのは皮である。鯨は水中で暮らす哺乳《ほにゅう》類、つまり恒温動物だ。寒い海のなかでも体温を保つために、分厚い皮に大量の油を蓄える。この油を搾って、照明用、あるいは工業燃料として使われた（近代に入ると、田畑にたかる蚊よけの嫌虫剤や石鹼《せっけん》にも応用された）。骨にべっとりとこびりついた油も余さず使った。骨を刻んで油を搾る作業はそこまでの力仕事ではなかったので、女性が従事することも多かった。その時に女性たちが歌った「鯨の骨切り唄《うた》」は殺伐とした捕鯨の解体現場を和ませたという。僕も呼子で地元の女性に宴席で骨切り唄を歌ってもらったことがあるが、陽気さの中にほのかに哀切もあり、たいへん味わい深いものだ。

マレビトとしての鯨

捕鯨は魚や獣を獲るのとは全く異質の生業である。とりわけ江戸時代以降、鯨を獲ることは油田を掘るのと同じような意味合いがあった。その油は、地下資源を掘り出す以前の人類にとって計り知れない価値を持つ資源だったのだ。

関わる人々や土地の運命を変えてしまう鯨は、日本において「獲物」ではなく「神」となった。折口信夫が壱岐《いき》の鯨組を訪れた時に、鯨組の生き残りから鯨を生業とする人々のエビス信仰の聞き取りをしている。エビス様は広く漁業の神さまとして、捕鯨地だけでなく日本中の漁業地で祀られている。しかし壱岐ではエビス様は水子供養の神としての側面もあったという。海の向こうから流れ着いてくる鯨の死体を水子と重ね合わせるのと同時に、あの世から時折この世にやってくる来訪神としても見ていたのだろう。折口信夫の「まれびと」の概念が鯨に投影されているというわけだ。

呼子の港にもそこここにエビス様の祠があり、鯨の供養をした龍昌院《りゅうしょういん》という寺まである。1840年に描かれた絵巻『小川島鯨鯢《げいげい》合戦』では、捕鯨シーズンの終わりに捕獲した鯨に戒名をつけて法要を行うお坊さんが描かれている。かつて呼子では、捕鯨シーズンの始まりには、出航する船が港をクルクルクルと三周まわって小川島へと向かった。これは、鯨のいる神の世界へと赴くセレモニーだったという。

鯨は「神に供える供物」ではなく「神そのもの」だったのだ。

神を殺し、莫大《ばくだい》な富を得た鯨組も、江戸末期には衰退へと向かう。原因はアメリカや北欧による近代捕鯨の発展だ。動力エネルギーを使った巨大船で遠洋へと向かい、銃で鯨を効率的に殺す。そして船内で解体、肉の貯蔵まで行うモダンな捕鯨が日本の領海で行われるようになり、日本の近海での捕鯨が激減した。メルヴィルの『白鯨』の後半部では、主人公イシュメールの乗るピークオッド号は獰猛《どうもう》なマッコウクジラ、モビー・ディックを追って太平洋を渡り日本の沖合までたどり着いている。アメリカはじめ欧米諸国の大半は貪欲《どんよく》に鯨を捕獲したが、肉はほとんど食べることがなく、工業資源と見なしていた。やがて石油や天然ガスを採掘するようになり、鯨を食べる文化のある日本やノルウェーを除いた先進国の大半は、捕鯨をする必要がなくなっていった。

第二次世界大戦後まもなく国際捕鯨取締条約が採択され、１９８２年以降先進国のあいだでは実質産業としての捕鯨は停止した。しかし今でも鯨は限定的ながら食材として出回っている。鯨の生態系調査のための捕鯨や、近海で捕獲された鯨が市場に出回るのだ。長崎県の東彼杵《ひがしそのぎ》町では、今でも鯨肉の加工・卸売を行う「彼杵《そのぎ》鯨肉」が健在だ。工場を訪ねて、10cm以上ある分厚い皮や、巨大な肉のブロックが職人によって切り分けられ、塩漬けにされる工程を見学させてもらった。皮や肉から滲《にじ》み出る血が移って鮮やかなピンクに輝く塩の漬け床は神々しいオーラを放っていたよ……！

彼杵鯨肉の近くにある料理屋さんで、鯨の刺し身のフルコースを堪能《たんのう》した。子供の頃に竜田揚げや塩漬けベーコンは食べたことがあるが、東京育ちの僕は刺し身を食べる機会はなかった。キラキラと脂身の輝くアゴ肉の刺し身を頬張ってみると、これは……！　マグ

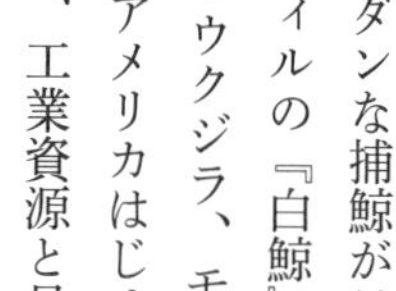
東彼杵で食べた鯨の刺し身

ロと牛肉のちょうど中間のような味わいだ。肉の芳醇《ほうじゅん》な脂と、魚のやわらかいうま味をいいとこ取りしたような悪魔的な味わいである。いかんいかん、こんなご馳走《ちそう》を食べたら贅沢《ぜいたく》がクセになってしまいそうだ！

鯨を食べた子供の頃の思い出をひとつ。漁師のおじいちゃんとの釣りから帰ったあと、空《す》きっ腹にお茶漬けをかき込むのが楽しみだった。その時に、プリプリのくらげのような不思議な漬物をお茶漬けにのせることがあった。それは「松浦漬《まつら》」といって、刻んで油を搾った後の鯨の軟骨を酒粕《さけかす》に漬け込んだものだったのだ。鯨組の末裔山下《やました》家が捕鯨文化のたそがれ近づく大正時代に編み出した、捕鯨の記憶、海の神の記憶のかけらが詰まったなつかしの発酵珍味だ。

獣と鯨の章の参考文献

Column

米のヒエラルキーの裏側にある隠された肉食・生贄《いけにえ》の歴史。本書で最もハードな章。

●一目小僧その他：柳田国男

片目・片足の妖怪、目をつぶされた魚の民話を収集、衝撃の仮説に辿《たど》り着く柳田民俗学の中でも指折りの異端の論考。書いている本人すら心配しているほど。

●歴史のなかの米と肉：原田《はらだ》信男《のぶお》

広い視野で日本の食の歴史を切り取る歴史学者が、日本食最大のタブーに切り込む野心的な内容。

●日本捕鯨史　概説：中園《なかぞの》茂生《しげお》

日本における鯨の文化研究の第一人者による、鯨の世界入門に最適な一冊。鯨が単なる漁業ではなく、近世の日本に大きな影響をもたらしたことがわかります。

本書は全体的に民俗学・人類学的なアプローチの文献を参考にして書かれました。最後まで読み切ったら、次は引用元の本の世界へ旅に出てください。先人たちの野心的な着眼点、粘り強い研究にリスペクト！

終章

食国の再生、再出発は遠く離れた場所から

食国《おすくに》を訪ねる旅もいよいよ終わり。主食から調味料、嗜好品《しこうひん》まで様々な食文化を訪ねて味わっていくなかで、究極の神饌《しんせん》はなんだろうか？　と思いを巡らしてみる。

思い当たるものは2つ。人間が究極に受け入れやすいものと、究極に受け入れがたいものだ。

究極に受け入れやすいものはズバリ「水」である。神饌でも、水は米や塩の隣に置かれる定番だ。鏡や白米の餅《もち》のように、古代の神話世界から「白く透き通ったもの」が尊ばれた。その究極が水、しかも不純物が混じらないピュアな清水だ。

奈良、東大寺《とうだいじ》には「修二会《しゅにえ》」という旧暦の早春（現在は3月初旬）に行われる神儀がある。東大寺中の僧が2週間のあいだこの世の全ての生命の罪を祓《はら》い、平安無事を願って祈《き》禱《とう》する、日本仏教黎明《れいめい》期における最も重要なイベントのひとつだ。僧たちは修二会に向けて厳しい精進食の制限を課し、会期中も最小限の食事しか摂《と》らず、ほとんど不眠不休のまま祈禱を続ける過酷な行。なかでも白眉《はくび》なのが、この世界の全ての生命の穢《けが》れを祓うために、仏教に限らず無数の神々に協力を要請する祝詞《のりと》だ。およそ30分に亘《わた》って、僧たちが神

道はじめ異教の神さまの名前を唱えていく。
この中に、一人なんともおっちょこちょいな神がいる。若狭（福井県南部）の遠敷明神《おにゅうみょうじん》である。全ての生命のために祈るシリアス極まりない儀式に呼ばれているのに、うっかり遅刻してきてしまうのだ。「遅れてごめんね〜」とやってきた遠敷明神、修二会の光景を見ていたく感動し、

「お詫《わ》びに僕の国のおいしい水を送ってあげましょう」

と寺の地面を杖《つえ》で突くと、清冽《せいれつ》な水が吹き出した。その井戸は「若狭井」と呼ばれ、今でも東大寺境内、二月堂の前にある。過酷な行の場を清め、渇きを癒《い》やすありがたいご馳走《ちそう》だ。

お水送りと神仏習合

水を「取る」イベントがあるならば、水を「送る」イベントもある。
奈良の修二会での「お水取り」に先立つ1週間ほど前の3月頭、遠敷明神のホーム、若狭では「お水送り」という儀式が行われる。遠く離れた奈良に水を遠隔でデリバーしてお供えする……これぞ神饌の究極形ではないか！　と居ても立ってもいられなくなり、お水送りに参列しに福井県小浜市の鵜《う》の瀬《せ》という川沿いの集落に飛んでいった。

果たしてこのお水送りがとても興味深い祭りだった。舞台は神宮寺《じんぐうじ》という小さなお寺。「神宮」そして「寺」とあるように、寺社の前に注連縄《しめなわ》が飾られている、「神仏習合」*72を色濃く残す寺なのだ。もう読者諸氏は忘れているかもしれないが、序章での春日大社と興福寺のエピソードを思い出してほしい。古代～中世にかけて、日本文化の形成期には神道と仏教が手を取り合っている。この神宮寺で行われる「お水送り」の儀は、神と仏の2つが渾然《こんぜん》一体となりすぎて、もはや分離することが不可能な祭りだ。

祭りの1ヶ月前から神職が境内の井戸から汲《く》んだ水に祈りを込め、奈良に送るにふさわしい「お香水」に仕上げる。お水送りの儀の当日になると、（いちおう）仏教の徒である山伏たちが神宮寺にやってくる。さらに真っ赤な衣装を着た謎の「火の神さま」も登場。境内に仕立てた巨大な杉の葉で覆われたやぐらに火を放つ。そのやぐらから火を移した松《たい》明《まつ》を、山伏と仏僧と神職、さらに地元民がかついで川岸に行進し、燃え盛る火のなかで水筒に入ったお香水を川に流す。すると若狭の水がピューン！　と奈良の東大寺にワープするのである。「お水送り」という名に反して、最初から最後まで炎と煙で包まれた異様な祭りだ。水を送る川面《かわも》は、真っ赤に光って地獄の釜《かま》のような様相。水を送るだけなのになぜこんなことに？　と地元の人に聞いてみると、

「大陸の拝火教（ゾロアスター教）の影響を受けている」

「水の存在を引き立たせるために火を使った」

*72 神道と仏教の合体スタイル

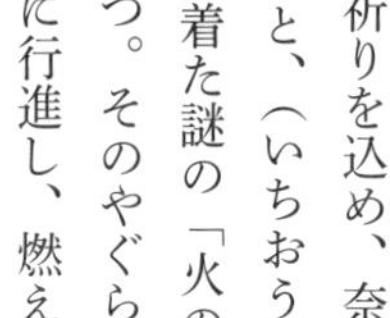

福井、小浜のお水送り

「昔はもっと素朴に水を汲んで川に流す祭りだったのが、だんだん派手になっていった」など聞く人ごとに違う答えが帰ってくる。真相は闇の中だが、禊《みそぎ》のために必要な正反対な要素、「水で清める」「火で清める」の2つを対比させて、古代世界における静と動のダイナミズムを表しているのだろう。

遠敷明神の伝説が示すのは、遠く若狭の地の清水を「聖なるもの」として、神と仏が協力してお取り寄せする神饌マインドの究極形である。東大寺で水を汲む「お水取り」は、近畿では誰でも知っている、新春を告げるユニバーサルな行事となった。いっぽう奈良へと水を送り出す「お水送り」は地元若狭エリアで熱心な信仰を集めるローカルな行事だ。大嘗祭《だいじょうさい》と新嘗祭《にいなめさい》のような「ユニバーサル」と「ローカル」の対比が興味深い。地方から都市部へ物産品を送る、という意味では現代の「ふるさと納税」に似ているかもしれない。

水は変幻自在にカタチを変える存在である。火で熱すれば食物を煮たり蒸したりできるし、冷たい水で冷やせば野菜や果物の食感が引き立つ。さらに、穀物や豆に塩を加えて調味料として醸せば、食材が腐らず、栄養価を高めることもできる。若狭エリアは古代から「御食国《みけつくに》」と呼ばれた。清らかな水があり、豊かな海川山野がある「食国《おすくに》」のお手本なのだ。美味《おい》しい魚介や野菜を奈良や京都の都に運ぶ「お取り寄せの聖地」としてのブランドが確立していた若狭。遠敷明神の伝説にも「都に献上する魚を釣っていたせいでうっかり遅刻したのでは？」という説がある。何度も若狭に足を運ぶうちに、ここが「御食国《みけつくに》」とされた理由は、魚介の豊かな入り江と、清水が湧き出る川が隣り合っている稀有《けう》な立地が理由ではなかろうか……と思い当たった。若狭湾のほど近くに、３００年以上の歴史を持つお酢蔵がある。魚が大量に獲《と》れた時に、消費しきれない魚を膾《なます》にして保存するために酢が重宝されたという。「おすし」の章にあるように、酢づくりはまず酒づくりから始まる。ということは良い湧水がないとお酢がつくれないのである。若狭は栄養をたっぷり含んだ入り江の海水と、澄んだ淡水が隣り合った場所。海川山野すべてが揃った麗しの「食国」。大名に昆布を売りつけたしたたかな商人たちが、良い水で醸した調味料で魚の保存食をつくり、都へと運んできた。水は喉《のど》の渇きを潤し、良い食材を生み出し、その食材を美味しく長持ちさせるための、日本における「全ての美味しさの源泉」なのだ。

生き血と一目小僧

清水と正反対の「究極に受け入れがたい」神饌とは何だろうか。
それは「人の生き血」だ。人間そのものを神さまの生贄《いけにえ》にしてしまう。水がホワイトな神饌の究極系であるならば、生き血はブラックな神饌の究極系だ。前章で紹介した、水の神に家畜の生き血を捧《ささ》げる雨乞《あまご》い儀式。これと同じ構造で、さらに血なまぐさい民話が日本全国に分布している。きっと誰しもが聞いたことがあるだろう、「池に住んでいる大蛇に、村の娘を生贄として差し出す」というものだ。

もしかしたら、食肉禁止令が出た頃の古代には、家畜だけでなく人もまた生贄とされていたのではないか？　果たして日本人は実際に「人身御供《ひとみごくう》」という残酷極まりない営為をしていたのだろうか？　という問いに対して、柳田国男が『一目小僧《ひとつめ》』という論考でユニークな説を唱えている。池に住む大蛇のように、日本全国に広がっている異形の存在として一目小僧に注目した柳田国男は、これを「目を潰《つぶ》された神」であると言う。

大昔いつの代にか、神さまの眷属にするつもりで、神さまの祭の日に人を殺す風習があった。おそらくは最初は逃げてもすぐつかまるように、その候補者の片目をつぶし足を一本折っておいた。そうして非常にその人を優遇しかつ尊敬した。犠牲者の方でも、死んだら神になるという確信がその心を高尚にし、よく信託予言を宣明することを得た。

やがて時代が下るとともにこの儀式が止み、ただ目をつぶすという型だけが残った、と柳田は言う。実は現代でも、柳田の示唆した世界観の神儀が残っている。石川県奥能登地[*73]方で行われる、「あえのこと」という神人共食の祭りである。稲の収穫後の12月に「田の神」という目が不自由な神を集落の家々に招く儀式だ。住民は「田の神さま、こちらから家にお入りください」「お風呂《ふろ》に入りましょう」と目に見えない神さまを案内し、家主が用意した神饌を共に食べる。事情を知らない人が外から見ると、透明な存在を相手にしたショートコントのようなちょっと笑える風習だ。田の神さまが目が不自由なのは、稲穂で

＊73　日本海沿岸の塩の名産地。「塩と醤油」の章でも登場

目を突いてしまったからだ、と言われている。普通に考えるとそんなことで目がつぶれるわけなかろう、と思ってしまうが、柳田国男の『一目小僧』説を補助線にすると、田の神さまは天上神に捧げられた「生贄」であることがわかる。

生贄は天上の神に目を差し上げることで自身も神のクローンとなり、家々に赴いて神饌を村人たちと供食する。有力な神社で行われる神幸祭[*74]が、奥能登の集落で土着化した形式が、「あえのこと」だ。中央の神ではなく、生贄となった田の神さまがその土地の神となってあらわれる。「私は神の代理である」という印が「体の一部を大神に差し上げる＝つぶれた目」なのである。ここで神饌は「オモテ」と「ウラ」がウロボロスの蛇のようにお互いを呑《の》み込み合っている。オモテの神饌は神と人が共食する、美味しく調理された「ごちそう」である。ウラの神饌は、人が神となるために生き血と身体を捧げる「生贄」だ。それは春日大社で繰り広げられる神饌のそれだ。外の庭で生きた姿のままの鳥獣が捧げられる肉食と、社のなかで美しく調理された草食の対置。素朴に見えるものの裏側にはぞっとするような死の気配があり、華やかさの裏側には、血塗られた現実が隠されている。いっけんのどかな農村のおじちゃんおばちゃんに見える田の神さまは、実は妖怪《ようかい》一目小僧でもある。

人の生贄の名残

このダイナミズムは、信仰にも関係している。超自然の神のいない仏教では、食は人間

＊74　大神の来訪をもてなす祭り。序章に登場

界に属する「喜び」、百味の飲食《おんじき》の快い体験である。しかし仏教導入以前の土着信仰では、食は人間が喜ぶ体験である前に、神への供物としての「責務」だった。
日本の古代黎明期、超自然の存在を否定する仏教が「先進的思想」として土着の信仰に影響を与え、究極の神饌である「人の生贄」はフェードアウトした。しかし、古代から続く神饌にはいまだ人の生贄の名残を残しているものがある。奈良県倭文《しずり》神社で毎年10月に行われる、その名も「蛇祭り」では、神饌として人を模したへのへのもへじの人形をお供えする。これは100％言い逃れできない「人の生贄」の代替物だ。同じく奈良の門僕《かどふさ》神社の秋祭りには「スコ」という華やかなオブジェ神饌が登場する。柿と丸餅を交互に並べてつくった胴体に、真っ赤な鶏頭の花を刺して「着飾った女性」を模したものとされる。スコは漢字では「頭甲」と書くらしく、生贄の頭蓋骨《ずがいこつ》をお供えしていたのでは……と背筋が凍る。

「食国」のコンセプトに立ち戻ってみると。日本列島の海川山野は神の用意した「生きる糧＝食物が生成される場」である。生成された食物は、人間が媒介となってセレクトしたり調理したりして神に戻され、そして特別な祭りの時には人間もお下がりを食べることが許された。これが神饌である。さらに考えを推し進めてみると、人間自体も海川山野から生まれてきたものだ。神に近づくことを許された特別な人間を供物として捧げることは、不自然な発想ではない。人間もまた神饌として「神に戻す」のだ。人間と森羅万象のあいだにヒエラルキーをつくらない、日本的な食のありかたの帰結。人間は自然の一部であり、個の自由意思よりも、世界の秩序のほうが優先される。秩序のためならば自分自身が食物になることも受け入れる。こうして「一目小僧」[*75]が生まれたのだ。

対立の解消

古代から中世にかけて、朝廷が導入した仏教の影響が強くなり、動物や人間の供物は仏教的な倫理観によって徐々に排除された。古代において仏教は、近代化とともに導入された西洋の思想や科学のようなインパクトをもたらした。生命と自然が溶け合っていた沼から、群れではなく個として生きる「人」が浮き上がってくる。各人がより良く生きるにはどうしたらいいのか？　という問いが生まれ、個の意思を奪う人身御供は否定される。殺生を嫌う価値観は、禅宗由来の精進料理が入ってくると、肉食や魚食にも適用される。

そして、米を中心としたヒエラルキーの周辺に畜産業や漁業が位置する、草食的な食の環世界[*76]が出来上がっていく。この環世界の構造は、外部から入ってきた方法論を、内部にある材料を使ってアレンジしたものだ。内部だけで完結していたら、味噌《みそ》も醬油《しょうゆ》も豆腐も存在し得なかった。外の「方法論」と中の「素材」のフュージョンが僕たちが見てきた「食における神仏習合」なのである。この習合が古代から中世に生まれ、江戸で花開き、日本の食文化の礎となっていった。僕の専門とする日本の発酵食は「食の神仏習合」が生み出したユニークな文化なのだ。

＊75　食と自然を巡る世界観の相違は「米と麴」の章に出てきた『肉食の思想』を参照されたい

＊76　生態学者ユクスキュルの提唱した概念

政治的な建前と、きれいごとでは生きていけない現実が交錯するなかで、「食国」がかたちづくられていった。草食と肉食、仏教と神道、米と芋、生のものと調理されたもの、自然と文化、中央と周縁。清冽な水を真っ赤な業火が照らし、衆生を救う信仰をめぐる争いで血の雨が降った。矛盾が「食べる」ということに奥行きをもたらす。二項対立は解消されることなく、葛藤《かっとう》を葛藤のまま飲み込むことで人は生きていった。

しかし近代化とともに、対立したままの共存は許されなくなった。

明治元年、西洋の列強を目指して近代化を始めた日本は「神仏分離」を決行する。軍事を強化するためにナショナリズムを喚起する必要があり、外部（中国）由来の仏教を分離し、内部（土着）由来の信仰を「国家神道」として再編した。そもそも根本原理の違う信仰を扱う神仏習合は、黎明期から「神と仏を近づけすぎると祟《たた》りが起きる」として、細心の注意を払って距離が保たれていた。しかし矛盾したものが共にある状況は近代の精神にそぐわない。仏は神から引き離され、天皇の肉食が解禁される。それは「野蛮に戻る」のではなく「先進的な西洋文明を受け入れる」という、新たな習合の意思表明だった。ここで強調したいのがあくまで技術や思想などの「文明」であり、キリスト教のような「精神」ではない。[*77] 内なる精神はあくまで従来の神道であり、外に顕在化する様式を西洋化してみせたのだ。たらこスパゲティと同じ発想なのである。

こうして「仏饌（精進料理）」に変わって「仏食（フランス料理）」が宮中料理に採用さ

＊77　キリスト教も仏教と同じく明治の初めに迫害された

れ、同時に神饌の様式から仏教由来の「百味の飲食」の要素が薄れていく。各土地の多様な食材を持ち寄って、各神社ごとにデザイン性の高い神饌に工夫を凝らす文化がフェードアウトし、全国どこでも同じ様式の神饌をお供えする標準化が進んだ。本書に登場する複雑な調理や発酵を伴うレシピは「特殊神饌」という位置づけになってしまった。しかしこれまで見てきたように、本式の神饌は調理や発酵を伴うものである。神饌から神仏習合*78の要素がなくなると、「百味の飲食」が目指すローカリティと多様性の共存が損なわれてしまう。洋食を受け入れる一方で、和食はそのルーツの片方を失ってしまった。僕が調査しているローカル発酵食は、失われたはずのルーツの生き残りなのだ。

個性のある神社「ではない」、一般的な神社ではそのあたりどうなっているのだろうか。僕の家の近所、山梨県甲州市の神部《かんべ》神社の神饌はどうなっているのか？　神主さんに質問してみたところ、この土地ならではの神饌は特別お供えしていないという。神部神社では代々伝わる儀式の継承はなく、神饌はじめ、神職の仕事は東京の大学の講座に通って学ぶそうだ。実は僕も神部神社の地域当番を三年やっているのだが、この土地ならではの神さまやお祭りはなかなか見えてこない。氏子さんも年々減るし、祭りも先細ってくるし、この先信仰を維持できるかしら……と神主さんはため息をついていた。地域の過疎化がまず原因なのだろうが、地域の当事者である僕からすると「何の由来で存在しているかわからない神社」には感情移入しづらい。若狭のお水送りや奈良の談山神社の秋祭りのように、

＊78　吉川雅章『宮座儀礼と「特殊神饌」』参照

その土地ならではのユニークさがある祭りは、地元の人たちが熱を入れて参加しやすい。本書で紹介した神饌は、標準化の波に飲み込まれず、ローカリティを捨てなかった神仏習合、あるいは神仏習合以前の記憶を宿したクセモノ揃いだ。祭りでも食でも、標準化から免れた存在に希望があるのかもしれない。

つくられた伝統の先のアナーキズム

天の上、高天原でアマテラスがため息をついている。

「近頃、いつも同じメニューばっかりでちょっとつまらないかも……誰か面白い食べ物、もってきてくれないかしら？」

誰かおねがーい！　と呼びかけてみても、いっこうに返事がない。地上は最近なんだか元気がないみたい。人はどんどん少なくなるし、みんな忙しくてゆっくり食事を楽しむ時間もない。双眼鏡で日本列島のあちこちを眺めてみると、昔食べたことのあるあの味わい深い食べ物をつくっているのはお年寄りばかり。手元にあったお取り寄せカタログのページをめくってみると、ずいぶん寂しい内容になっている。意気消沈するアマテラス。ため息をひとつつくたびに、地上から田んぼや畑が消えていく。海から魚たちがいなくなる。あれ？　ここはいつの間にやら「稲穂の豊かに実る国」じゃなくなっている？

地方から人が消え、荒れた田畑がコンクリートの駐車場に変わっていく。海川山野の恵みがやせ細り、土地土地で輝いていた食の彩りが色あせていく。ちょっとシビアだが、これが日本の食の現状……なのだがほんのり明るい兆しも生まれてきている。しかも「伝統を守ろう！」というのとはちょっと違うかたちで。

北陸のとある農場を訪ねた時のこと。たまたま和食の料理人と一緒になった。彼は僕の活動のことを知っていて「割烹《かっぽう》料理の修業をしてきたが、最近は一般的な和食のセオリーから外れた発酵食のことが気になっている」と言うではないか。実は料亭やホテルで食べる「伝統和食」は思っているほど伝統的ではない。旬の素材はそのまま活《い》かすよりも漬けたり干したりして保存食にするし、砂糖も昆布もそんなに使わない。平安時代の大饗《だいきょう》料理は千年以上の歴史がある伝統料理なのだが、下ごしらえもだし取りも全然なく、焼いたり蒸したりしたものに酢や料理酒を浸して食べる、中国（唐）由来のものだ。なれずしのようなストロングな発酵食も古代からの由緒正しい伝統食だが、料亭ではほとんど見かけない。酸や苦味をともなう熟した味わいは、旬を旨とするフレッシュで淡味な現代的「伝統和食」にはそぐわない。好奇心の強い和食料理人の彼は「再編された伝統」を突き抜けたさらにその先にある美味しさにアンテナを張っているのである。

新世代の料理人は「食国《おすくに》アンテナ」を持っている。教科書的なレシピに飽き足らず、日本各地、アジア各地を歩いて食のルーツとローカリティを研究し、大都市ではなく地方の山の中や港町にお店を構えたりする。グルメなお客さんが少ない場所でなぜ？　と不思議に思うが、彼らは「不便」のなかに勝機を見出《みいだ》すのだ。地方でお店をやると、使う食材が自分の意思とは関係なく「その土地由来のもの」に制限を受ける。扱いが難しい、わかりやすく美味しいわけではない食材を扱わなければいけない。しかもその食材は、年中安定して取り扱えるわけではなかったりする。しかし！　その不便の中でこそ食材と味覚の解像度が高まっていくのだ。自分で「選ぶ」のではなく、食材に、土地に自分が「選ばれる」。そして創造性のコペルニクス的転回が起こる。選ぶことは主体的な行為に思えるが、無意識に「これが正解だ」という規範に囚《とら》われている可能性もある。ファッションでも、個性的であることを目指してコーディネートしたはずなのに、みんな同じ格好になってしまうことが多々あるではないか。変えるべきは「意思」ではなく「環境」だ。

みんながいる便利な場所ではなく、誰もいない不便な場所に身を置く。オモテの世界だけでなく、ウラの世界も覗《のぞ》いてみる。制限だらけの環境に適応しようともがくうちに、結果的に個性があらわれてしまう。「選ぶ」ことは、個性を目指すようでいて既成の正解をなぞり、「選ばれる」ことはサバイバルを目指すうちに結果的に個性を獲得する。

これはこの列島のなかで先人たちが辿《たど》ってきた苦難の再現だ。しかし苦難から生まれた工夫が食の創造性を培ってきた。食国アンテナを持った食のスペシャリスト達は、人工的に再編された伝統を突き抜け、一度閉ざされたかに見える食の歴史の扉をワイルドにこじ開け、さらに自分自身を未《いま》だ書かれざる歴史の最新頁の登場人物にしようとしているのだ。

教科書を読んで正解を暗記するだけではつまらない。教科書を更新する存在になることこそが愉快なのだ。そのためには物理的にも時間軸的にも「遠く離れた場所」から再出発することが必要だ。正解のない未来をサバイブするために。

海を渡る食国

本書を読んでおわかりの通り、僕の主な仕事場はローカルである。なのだが、近年は海外から仕事でお呼びがかかることが多い。和食人気が一回りして、和食の核心である発酵への興味がものすごい勢いで盛り上がっているのだ。元々グローバルに流通していた醬油はもちろん、ワインとは別のペアリングの可能性を持つ日本酒や、西洋的な料理にはありえない風味のなれずしなどなど、和食を彩る食文化についての質問を現地やSNSでたくさんもらう。世界が肉食から草食に向かっていく現代、日本は苦難の歴史のなかで動物性たんぱく質のリッチさに頼らないうま味文化を開花させてきた。その経験と技術は、他の文化圏でも役に立つという事を、僕は海外で教えてもらった。最近のトピックスをひとつ紹介しよう。Kojiconという、麴《こうじ》をテーマにしたアメリカのカンファレンスにゲストに呼んでもらった。麴の歴史的背景と技術の特性をレクチャーしたら、思いがけない大きな反響があった。アメリカ、ヨーロッパにはすでに麴を自作するギークな料理人が多数いる。なんと麴は、ガストロノミーの世界を拡張する重要食材として、西の食文化に新たな可能性をもたらす共有財産になりつつあるのだ。

海外のシェフたちの麹を見る目はフラットだ。穀物にとどまらず、肉や昆虫を麹にしよう！　と和食の料理人では思いつかないアイデアを次々と出してくる。オモテとウラを区別しないスタンスは、閉塞《へいそく》した世界に風穴を開けてくれる。自分で散々歴史的な系譜を書いておいてなんだが、僕はこういうフラットな視点は未来の可能性だと思っている。日本の食文化のアップデートには、徹底的にルーツを研究したうえでフラットな発想になるという、矛盾の共存が必要だ。いや、それは矛盾ではないのかもしれない。系譜を深く深く辿っていくと、思いがけないアナーキーさがヌッとあらわれる。それが異なる文化圏のフラットな発想とシンクロした時に、伝統のアップデートあるいはリバイバルが行われる（そしてこの2つは結局同じことかもしれない）。これこそが近未来に待つ「食国の再生」である！　と僕は大いに期待する。

天に住まう神さまは無類の美味しいもの好きだ。外からやってきた仏様の力も借りて、あちこちから美味しいものをお取り寄せしてきた神さまは、次の時代の「美味しい！」を求めてウズウズしている。新しい時代の食国は、日本列島を飛び越えて、世界中の食国アンテナを持つ食いしん坊たちでつくりあげていくものなのかもしれない。食いしん坊な日本の民の次なるミッションは食国を地球全体に拡げていくことだ。

「食べる」が元気になると、土も水も人も菌も生き生きと輝き出す。

もう一度、何度でも。海川山野の味なもの、百味の飲食《おんじき》、集まれ集まれ！

小倉ヒラク（おぐら・ひらく）

発酵デザイナー。東京・下北沢「発酵デパートメント」オーナー。「見えない発酵菌たちのはたらきをデザインを通して見えるようにする」ことを目指し、全国の醸造家や研究者たちと発酵・微生物をテーマとしたプロジェクトを展開。『Fermentation Tourism Hokuriku～発酵から辿る北陸、海の道』（金津創作の森）のキュレーターや、YBSラジオなどでパーソナリティを務める。著作に『発酵文化人類学 微生物から見た社会のカタチ』、『日本発酵紀行』などがある。

Twitter：@o_hiraku（※2023年7月時点）

オッス！食国《おすくに》 美味《おい》しいにっぽん

2023年7月19日 初版発行

著者　小倉《おぐら》ヒラク

発行者　山下直久

発行　株式会社KADOKAWA
〒102-8177 東京都千代田区富士見2-13-3
電話 0570-002-301（ナビダイヤル）

印刷所　旭印刷株式会社
製本所　本間製本株式会社

イラスト　スケラッコ
デザイン　財部裕貴
DTP　岩渕恵子

●お問い合わせ
https://www.kadokawa.co.jp/（「お問い合わせ」へお進みください）
※内容によっては、お答えできない場合があります。
※サポートは日本国内のみとさせていただきます。
※Japanese text only

定価はカバーに表示してあります。

Printed in Japan
ISBN 978-4-04-112610-3 C0095